TESOROS
DEL MUSEO NACIONAL
DE
ANTROPOLOGIA DE MEXICO

COLECCION

TESOROS DE LOS GRANDES MUSEOS

IGNACIO BERNAL
Director del Instituto Nacional de Antropología e Historia
ROMAN PIÑA-CHAN
Conservador del Museo (Arqueología)
FERNANDO CAMARA-BARBACHANO
Conservador del Museo (Etnografía)

TESOROS DEL MUSEO NACIONAL DE ANTROPOLOGIA DE MEXICO

DAIMON

DAIMON MEXICANA, S.A.

Título de la obra original:
THE MEXICAN NATIONAL
MUSEUM OF ANTHROPOLOGY
Thames and Hudson, Londres

Fotografías en negro y color de
IRMGARD GROTH

ISBN 968-6024-18-2
© 1979, por Thames and Hudson Londres y por cesión del mismo
para España y países de habla española, por Ediciones Daimon
Manuel Tamayo (Barcelona, España) y Daimon Mexicana, S.A.
(México, D.F.)

Printed in Mexico
Litoarte, S. de R.L., F.C. de Cuernavaca 683 México 17, D.F.

INDICE DE MATERIAS

1 Vista del gran patio central del Museo, tomada desde el exterior de la Sala Mexica hacia el vestíbulo.

2 Vista interior del Museo, tomada desde el final del vestíbulo hacia la Sala Mexica.

ORIGEN Y FORMACION DEL MUSEO

La antropología —aunque no bajo ese nombre— es ya una vieja búsqueda en México. Desde los primeros años después de la conquista española, frailes, misioneros, conquistadores, descendientes de la nobleza indígena que ya habían aprendido el uso de las letras europeas, comienzan a escribir relatos de sus hazañas, gramáticas y vocabularios en las distintas lenguas que se hablaban en Mesoamérica, y las historias de sus antepasados. Hacia la mitad del siglo xvi hombres excepcionales recogen cuanto pueden de los viejos mitos y de las antiguas costumbres y tradiciones. Con ellos se forma un cuerpo increíblemente rico en documentos de toda índole que hasta nuestros días no ha sido —en muchos aspectos— superado. El más notable de estos precursores, fray Bernardino de Sahagún, compone con la ayuda de informantes indígenas entrevistados en varios lados una recopilación de tal manera completa y abundante que su trabajo es un tratado de etnografía como no conozco otro en esas épocas ni muchos años después.

Esta vasta labor de estudio y de rescate, no tenía sólo fines eruditos. Para los españoles se basaba en la necesidad de entender a los pueblos vencidos sobre los que se fundaba la naciente colonia; para los indígenas significaba el orgullo de relatar sus pasadas glorias y aun de obtener ventajas y favores del nuevo poder político. A principios del siglo xvii termina este gran movimiento.

En cambio, los restos materiales de las antiguas culturas fueron destruidos sin piedad. La codicia por el oro hizo fundir las joyas, la necesidad de acabar con la religión pagana y de suplantarla por la cristiana hizo estallar en mil pedazos las estatuas de los dioses y demoler los templos airosos. Algunos pueblos fueron abandonados, pero sobre la mayor parte de

7

las ciudades indígenas se edificaron las nuevas habitaciones de estilo europeo. Estas nuevas construcciones, la ignorancia y el desinterés, cubrieron los monumentos que habían sido destruidos, sumiéndolos en un letargo del que sólo la moderna arqueología los ha empezado a sacar.

Aunque no faltó alguna mente ilustre que durante el siglo XVII y la primera mitad del XVIII se haya interesado por descubrir objetos y documentos y averiguar el pasado cada vez más remoto, fue al final del Virreinato cuando un grupo notable de mexicanos —los primeros mexicanos— empezaron a dar a estos documentos y a los pocos objetos rescatados la debida importancia histórica que merecían.

Clavijero, Alzate, Márquez y otros se dedicaron a su estudio impulsados por las nuevas ideas de la Ilustración, movimiento que incluso impulsó a Carlos III a destinar a México una misión arqueológica. El descubrimiento casual en 1790 de tres formidables monolitos, hoy en el Museo, la piedra del Sol, Coatlicue y el monumento de las victorias de Tizoc, encontrados al levantar el piso de la plaza Mayor de la ciudad de México, fueron como un grito de alerta. El primer arqueólogo mexicano, Antonio de León y Gama, publicó una obra sobre dos de estas piedras; en contraste a lo que antes ocurría, en vez de destruirlas fueron conservadas: la Piedra del Sol en un costado de la Catedral, Coatlicue y el monumento de Tizoc en la Universidad. Este es realmente el principio del Museo. Su forma legal la tomaría en 1825 a instancias de Lucas Alamán, el gran historiador. Poco a poco, aunque sin orden ni datos fehacientes de procedencia, fueron acumulándose más y más objetos en un gran salón que a este fin destina la Universidad. Aunque sólo se tratara de un amontonamiento informe, a ese primer intento debemos la salvación de objetos únicos. Por fin el 5 de diciembre de 1865, Maximiliano firma un acuerdo entregando, para Museo Nacional, el viejo palacio de la calle de Moneda.

Era entonces un Museo general que comprendía no sólo los objetos indígenas, prehispánicos, sino también recuerdos de la historia de México, así como diversas colecciones de ciencias naturales. En 1940, tras una rigurosa selección, el Museo quedaba destinado únicamente a las colecciones de Antropología. Con el interés que despertaban estas cuestiones, la constante aportación de nuevas piezas —debida a las grandes exploraciones realizadas en los últimos treinta años—, y el avance considerable de los estudios, la vieja casona acabó resultando insuficiente y pobre.

En los últimos lustros, México ha progresado en forma tan sorprendente, no sólo en lo material, que ha comprendido ya el honor y también el peso que representa ser heredero de dos civilizaciones y el hecho de que su cultura sea la mezcla de ambas; sabe que tan imposible es ·renegar de su padre como de su madre y que su destino está precisamente en afirmar y elevar cada día su civilización mestiza. No es, pues, casual ni caprichoso que el presidente López Mateos decidiera construir para las culturas indígenas este magnífico palacio, donde instalar en forma digna de ellas y en un marco adecuado, las colecciones virreinales.

Profunda ha sido la preocupación del Museo no sólo por la debida exhibición de las piezas sino por hacer todo lo posible para que el visitante obtenga el fruto máximo del tiempo que pase en las salas. No se trata aquí de un Museo de arte sino de un Museo de historia. El hecho de que muchos de los objetos sean verdaderas obras de arte antiguo es una feliz adición al mensaje principal: conocer y entender en lo posible el significado del México indígena y relacionarlo con el México unido que todos queremos forjar.

Para lograr estos fines en forma científicamente válida era indispensable presentar las colecciones en un orden claro y lógico, no como objetos sueltos, sino como vestigios de una cultura. Por ello, después de una sala de introducción que da al visitante una idea general de lo que es y hace la antropología, se colocó la sala general de Mesoamérica que ata las culturas diversas mostrando que entre todas forman una sola civilización. Los estilos regionales o de distintas épocas presentados en las salas tienden a sugerir que cada uno es aislado ya que precisamente son sus diferencias lo que los caracteriza; pero sólo son inteligibles si se entiende que todos forman parte de un mundo común y que un parecido de fondo es mucho más importante que las diferencias de forma.

Las demás salas del ala Norte muestran la secuencia de culturas en la región central de México, desde sus orígenes más remotos hasta el mundo azteca a través de las grandes etapas preclásicas, teotihuacana y tolteca. El ala Sur está dedicada, también en forma cronológica, a las culturas locales de Oaxaca, Veracruz, Maya, Norte y Occidente. Así el visitante se puede pasear no sólo a través de la República sino a lo largo del tiempo y evocar una época determinada.

Pero hay que recordar siempre las necesarias limitaciones de un museo. En efecto, es un museo, no un libro, y la presencia física de los objetos del pasado sólo será verdadera historia si se acompaña de lecturas con ellas relacionadas.

El Museo, situado en el Bosque de Chapultepec, sobre el Paseo de la Reforma, ocupa un área de casi 125 000 metros cuadrados. Además de las ventajas prácticas y estéticas que ofrece su situación, el sitio resulta particularmente apropiado ya que Chapultepec está lleno de recuerdos históricos y fue el primer lugar del Valle donde se asentaron los aztecas al final de su peregrinación.

El edificio tiene 44 000 m² cubiertos y 35 700 m² de áreas descubiertas que incluyen tanto el patio central como la gran plaza de acceso y algunos patios hundidos a su alrededor. Amplias zonas verdes lo separan de las calles adyacentes; el resto de la superficie está destinada al estacionamiento de automóviles. El bosque es el fondo que se ofrece a través de los grandes ventanales.

Pasada la gran plaza de acceso se llega a un vestíbulo de vastas proporciones. En su centro hay un área levantada bajo la cual está la Sala de Resumen con una gradería desde la que se puede ver un grandioso espectáculo de luz y sonido y una serie de maquetas y fotografías que aparecen y desaparecen sucesivamente, ilustrando un texto narrado. Todo ello funciona automáticamente y prepara la visita al Museo.

Al lado derecho del vestíbulo está una gran sala dedicada a exhibiciones temporales; junto a ella un auditorio para cerca de cuatrocientas personas.

El lado izquierdo del vestíbulo aloja la tienda, el guardarropa y otros servicios y, detrás, las Oficinas Generales. Encima está la Biblioteca que tiene una gran sala de lectura muy agradable y todas las dependencias necesarias, como Archivo Histórico, Departamento de Códices, proyectores y archivo de microfilm —con doce millones de documentos— y el depósito de libros en el que caben cerca de medio millón.

En planta hundida, a la derecha, las amplias bodegas de Arqueología, de Etnografía y de Antropología Física no sólo almacenan todas las vastas reservas del Museo sino que hay lugar para incrementos futuros. Junto a ellas quedan las oficinas técnicas y los laboratorios necesarios. Al lado izquierdo están los servicios escolares que consisten en varios salones dedicados a preparar a los niños para su visita al Museo, y un patio hundido a través del cual se llega a una escalinata lateral que da acceso al patio central.

Desde el vestíbulo central se entra a través de un muro de cristal, a ese gran patio rodeado por las salas de exhibición. La primera parte está cubierta por un enorme y airoso techo de 82 por 84 metros recibidos en un solo apoyo central, recubierto por láminas de cobre esculpidas; de arriba cae un círculo de agua que forma una fuente invertida.

El enorme patio abierto que sigue, tiene en el centro un estanque rectangular. Este patio es particularmente importante pues aparte de su belleza permite recorrer las salas del Museo al antojo del visitante, sin necesidad de seguir una ruta obligada; al igual que las exhibiciones hechas en los jardines contiguos a algunas salas, ameniza el ambiente del Museo y da al visitante el necesario reposo.

IGNACIO BERNAL

11

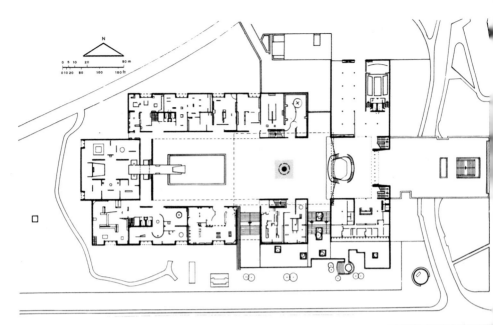

(arriba, izquierda) Plano de la planta baja del Museo.

(arriba, derecha) Plano del primer piso del Museo.

3 Vista de la entrada principal

12

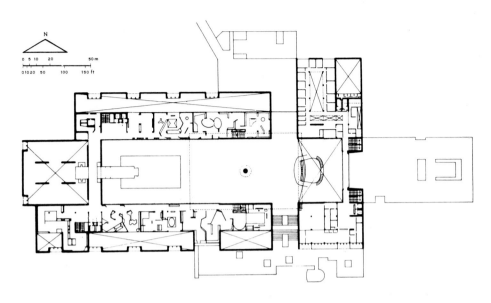

INTRODUCCION A LA ANTROPOLOGIA

Las diversas culturas indígenas de México que florecieron en tiempos prehispánicos, así como las actuales, ofrecen a la Antropología un vasto campo de estudio, y a los museos un rico y valioso material de exhibición; a la vez que constituyen una buena parte de la historia y de la herencia cultural del país, cuyo conocimiento, divulgación y conservación cobran cada vez mayor importancia.

Teniendo en cuenta esto, y con motivo de la planeación del nuevo Museo Nacional de Antropología, se pensó en la instalación de una sala introductora que justificara el nombre del museo, y que sirviera de marco universal a las culturas mexicanas para su correcta ubicación espacial y temporal.

Así surgió la Sala de Introducción a la Antropología, la cual tiende a mostrar lo que es esa ciencia, cómo está dividida, cómo trabaja, cuáles son sus propósitos, y qué es lo que ha logrado en el campo del estudio del hombre. Hay cuatro secciones de exhibición, que corresponden a su vez a sus cuatro ramas fundamentales: Antropología Física, Arqueología, Lingüística y Etnografía.

La sección dedicada a la Antropología Física se inicia con el tema del origen y la evolución biológica del hombre. A través de dibujos, esquemas, cartas cronológicas y reproducciones de algunos fósiles se enfatiza el proceso dinámico de la evolución de los organismos vivos, por medio de cambios genéticos y morfológicos a ritmos diferentes, y se muestra el lugar que ocupa el hombre en la escala del reino animal, su antigüedad y su relación con otros primates.

En vitrinas especiales se muestran adelantos realizados por la Antropología Física, entre ellos la determinación de la edad y el sexo en individuos desaparecidos; la Craneología o clasificación de los individuos y grupos en: dolicocéfalos, mesocéfalos y braquicéfalos; las mutilaciones dentarias y la deformación craneal; la trepanación; el crecimiento y la estatura de los individuos, que se ligan a problemas de dietética y nutrición, lo mismo que el aumento demográfico de las poblaciones, y la Biotipología, la cual muestra la relación existente entre la estructura corporal y la conducta de los seres humanos.

Por último, se indica el estudio de algunos factores hereditarios como la esteatopigia, color de los ojos y la mancha mongólica, al igual que el estudio de la sangre con fines clasificatorios, de los individuos y grupos humanos. En conjunto, la sección enfatiza la finalidad de la Antropología Física, que es fundamentalmente el estudio del aspecto biológico de las poblaciones humanas, tanto pasadas como actuales, y la aplicación de algunos de sus conocimientos en la medicina y salud pública.

La relación entre el hombre y su cultura se plantea en la sección destinada a la Arqueología, la cual estudia las culturas indígenas desaparecidas. Aquí se inicia el tema con el concepto objetivo de la estratigrafía, básica para el arqueólogo, pues las capas de tierra acumuladas guardan los restos de las obras realizadas por el hombre a través del tiempo.

A continuación se muestran los trabajos técnicos y estudios que debe realizar el arqueólogo, entre ellos: los reconocimientos sobre el terreno, la excavación por medio de calas y trincheras, la exploración de entierros y ofrendas, la limpieza y reconstrucción de edificios, la protección de materiales perecederos o de pinturas murales, y muchos otros aspectos. Todo esto sirve para establecer las tipologías cerámicas y de artefactos, para fijar las cronologías, para mostrar las prácticas funerarias, para conocer las manifestaciones artísticas; en suma, para interpretar e integrar la historia de una cultura.

De esta manera los arqueólogos han podido reconstruir la cultura desde los tiempos más lejanos hasta la aparición de las civilizaciones. Primeramente se presentan las etapas prehistóricas: el Paleolítico Inferior, en que los hombres vivieron de la caza y recolección, comenzaron a utilizar la piedra para artefactos y conocían el fuego; el Paleolítico Medio, en cuyo tiempo los artefactos se hicieron más especializados, y el Paleolítico Superior, durante el cual el hombre mejoró sus implementos agregando el tallado del hueso, la concha y el marfil e inició el arte en sus pinturas rupestres. Continúa el Mesolítico, en el cual se empieza a experimentar el cultivo de ciertas plantas y surgen las pequeñas aldeas. Se presenta después la etapa Neolítica en la que se desarrolla la agricultura con el consecuente sedentarismo, aparece la cerámica, se domestican animales y se practica el pastoreo. Todos estos adelantos son en realidad el antecedente de las futuras civilizaciones.

Con piezas de varias partes del mundo, se muestran algunos logros de varias civilizaciones, entre ellas las de Mesopotamia, Valle del Indo, Egipto y Perú comparadas con Mesoamérica para colocar a ésta en un ámbito de universalidad. Por medio de objetos, dioramas, dibujos y fotografías, esta sección dedicada a la Arqueología da idea de la lenta evolución cultural del hombre y sus progresos, que es la meta de esa rama de la Antropología.

En la parte central de la sala, está la sección destinada a la Lingüística, la rama de la Antropología que investiga el origen y desarrollo del lenguaje humano, cómo cambian y se extinguen los idiomas, cómo pueden reconstruirse las lenguas desaparecidas, cómo se clasifican, y cómo contribuyen al mejor conocimiento de la historia de la humanidad. Se ilustran estos aspectos con materiales arqueológicos y étnicos, con mapas y equipo audiovisual. Se informa del lenguaje sin palabras, es decir, de la comunicación por medio de los dedos de la mano, por la mímica, y aun con ayuda de abanicos, banderas de señales, cuernos y caracolas. Se presenta la escritura como medio de relación entre los hombres, por la cual se divulgan los pensamientos y la cultura.

La última sección está dedicada a la Etnología Social, la

cual estudia al hombre y a las sociedades actuales a través de una serie de investigaciones en comunidades rurales y urbanas. Se consulta la bibliografía existente, se seleccionan los temas y se escogen los informantes, se preparan cuestionarios y se aplican técnicas modernas de investigación social. Los conocimientos adquiridos se clasifican, elaborándose estadísticas, gráficos, mapas y cuadros.

Con esos datos los etnólogos delimitan áreas naturales y étnicas, definen las características de la economía y tecnología, la organización social y familiar, los sistemas de regulación, el pensamiento y el arte; en suma, el esquema de una cultura particular. Luego proceden a comparar las instituciones sociales singulares con el resto del mundo, relacionan sus antecedentes históricos con la historia general, colocan a la sociedad estudiada en el nivel de desarrollo que le corresponde, y tratan de establecer leyes sociales y culturales válidas para toda la humanidad.

En la sección de Etnología, y para mostrar los aspectos económicos y tecnológicos de la cultura, se exhiben objetos de los esquimales como ejemplo de grupos cazadores-pescadores; de los sakai que son recolectores principalmente; de los haidas que tienen un sistema de pesca especializada, y de los bosquimanos que viven en un medio inhóspito gracias a su ingenio. Materiales de los hopis que poseen una agricultura inferior, y de los lapones que viven de sus rebaños de renos. Así se enseña la variabilidad de medios para sobrevivir, y que la economía y tecnología de los grupos es la que el habitat requiere.

También se muestran los aspectos de la religión y magia, ilustrados con piezas de varias culturas; al igual que temas como la ciencia, el arte y la regulación social; con numerosos objetos de los esquimales, se enseña la forma cómo el etnólogo interpreta a una cultura particular.

La sala termina con indicaciones sobre la aplicación de la Antropología en nuestros tiempos, entre ellas la reconstrucción de ciudades arqueológicas, estudios de historia antigua, programas de salubridad y asistencia pública, estudios de desarrollo infantil, planeación de comunidades modernas, cartillas bilingües para la labor educativa, etc., y concluye con un mensaje objetivo, ilustrado con piezas de diferentes culturas, el cual nos dice que todos los hombres y todos los pueblos tienen la misma capacidad para resolver sus necesidades, sólo que con diferentes recursos y procedimientos, lo cual define a sus culturas particulares; aunque la cultura en sí es patrimonio de todas las razas, y se ha producido por las aportaciones de todos los pueblos en todos los tiempos.

Regiones y puntos arqueológicos de Mesoamérica.

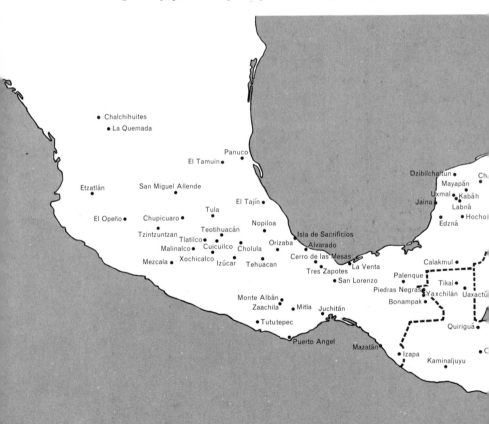

Tabla cronológica

FECHAS APROXIMADAS	1600 1500 1400 1300	1200 1100 1000	900 800 700 600 500	400 300 200 100 0 100	200 300 400	500 600 700	800	900 1000 1100 1200	1300 1400 1500
HORIZONTES	FORMATIVO O PRECLASICO			CLASICO				POSTCLASICO	
PERIODOS	INFERIOR	MEDIO	SUPERIOR	PROTOCLASICO	TEMPRANO	TARDIO	TR	TEMPRANO	TARDIO
ALTIPLANICIE CENTRAL	TLATILCO I	II	COPILCO / CUICUILCO	TEOTI I / II	HUACAN III	IV		TOLTECAS	MEXICA
COSTA DEL GOLFO	OLMECAS LA VENTA I	II	III / REMOJADAS		EL TAJIN		8	TOTONACOS	CEMPOALA
	PAVON	PONCE	AGUILAR	PANUCO I	PANUCO II	PANUCO III		HUASTECAS	
OAXACA	MONTE ALBAN I		II	TR IIIA	TR IIIB	IV	ZAPOTECAS V	GENEALOGIAS MIXTECAS	
MAYA	MAMON	CHICANEL	MATZANEL	TZAKOL	TEPEU	CHENES PUUC	MAYA		
MEXICO OCCIDENTAL	EL OPEÑO	CHUPICUARO	APATZINGAN	JIQUILPAN	CHAMETLA I-II	CHUMBI CUARO / DELICIAS	TARASCOS / COMPLEJO AZTATLAN / GUASAVE		

SALA 2

MESOAMERICA

Al obtenerse el marco general de referencia para las culturas indígenas de México, se pensó igualmente en otra sala introductora que definiera el área denominada Mesoamérica, sus elementos o rasgos culturales comunes, su cronología, el territorio abarcado y sus características más sobresalientes; no sólo porque allí fue donde ocurrió el auge cultural de varios pueblos prehispánicos, sino también para evitar repeticiones innecesarias en las demás salas dedicadas a las culturas regionales en particular.

El área de alta cultura que se denomina Mesoamérica, comprende una gran parte de la República mexicana. Se extiende por el Norte, desde el río Soto La Marina en Tamaulipas hasta el río Sinaloa en el occidente de México, y por el Sur, desde el golfo de Nicoya en Costa Rica, hasta el río Motagua en Honduras.

Dentro de este amplio territorio evolucionaron y florecieron los olmecas, los teotihuacanos, toltecas, mexicas, huastecos, totonacos, tarascos, zapotecas, mixtecas, mayas y otros grupos, algunos de cuyos descendientes subsisten todavía. Se distinguieron por sus obras artísticas, propias y originales, que se enmarcan dentro de estilos o tradiciones regionales.

En esta sala se muestra un mapa a color el cual define el territorio mesoamericano, sus regiones culturales y sus obras características; o sea que la región del occidente de México se ilustra con la cerámica polícroma de Sinaloa, con las figuras huecas de Colima y Nayarit, con las yácatas y pipas de Michoacán, con la lapidaria de Mezcala, Guerrero, y con las figurillas y cerámica de Chupícuaro, Guanajuato. La costa del Golfo está representada por las esculturas y cerámica de los huastecos; por las hachas, palmas, yugos y figuras son-

20

rientes del centro de Veracruz; y por las impresionantes cabezas colosales y figuras talladas en jade de los olmecas del sur de Veracruz y norte de Tabasco.

También en el mapa se incluyen las pinturas murales y vasos con tapas de los teotihuacanos, las estatuas colosales o atlantes de los toltecas de Tula, Hidalgo, y los templos gemelos y esculturas de los mexicas, que en conjunto definen a la región del Altiplano Central. Las urnas de barro de los zapotecas, y la cerámica polícroma, metalurgia y códices de los mixtecas, en la región oaxaqueña. Estelas, edificios, cerámica, modelado en estuco y otras obras están como representantes de la cultura maya.

Todas estas culturas evolucionaron a través del tiempo en regiones geográficas que muestran muchos elementos en común y períodos cronológicos más o menos contemporáneos o sincrónicos; y por ello en la sala se muestra un cuadro evolutivo especialmente diseñado con bloques de madera, a manera de celosía, el cual sirve no sólo como decoración museográfica sino también como marco de referencia cronológicocultural.

En él se marca el Horizonte Preclásico y sus períodos de desarrollo (1700 a 200 A. J.), durante los cuales los grupos fueron fundamentalmente agrícolas, tenían una alfarería avanzada, enterraban a sus muertos, iniciaron la construcción de basamentos para templos, comenzó el culto a las deidades y el inicio de la casta sacerdotal; todo lo cual permitió el nacimiento de las civilizaciones. El Horizonte Clásico (200 A. J. a 800 D. J.), caracterizado por los grandes centros ceremoniales, por el desarrollo de las artesanías y el comercio, por los conocimientos intelectuales, religión evolucionada, agricultura intensiva y otros muchos logros culturales.

Por último, en dicho cuadro se marca el Horizonte Postclásico (800 a 1521 D. J.), durante el cual las sociedades teocráticas se vuelven militaristas, se conquistan pueblos y se imponen tributos, aparecen las ciudades fortificadas, se introduce la metalurgia, se adoptan nuevas técnicas de riego artificial y se crean nuevas artesanías, a la vez que aparecen los códices y las primeras fuentes históricas escritas.

A continuación la sala muestra varios aspectos culturales comunes de los pueblos prehispánicos, a través de vitrinas con objetos arqueológicos, dibujos, fotografías, maquetas, etc. Así, en el aspecto de la agricultura y de las plantas conocidas, se enfatizan los sistemas agrícolas como la siembra de humedal o de avenida que se practicaba por las márgenes de los ríos y lagos; las milpas que se hacían por los valles y laderas de los cerros; el terraceado; el riego artificial por medio de canales, y las chinampas o parcelas construidas al borde de los lagos, por los cuales se obtenía maíz, calabaza, fríjol, chile, amaranto, camote, cacao, chía, aguacate, tabaco, algodón y muchas plantas más, alimenticias, utilitarias o medicinales, que después de la conquista fueron de uso casi universal.

Para la caza y la pesca los grupos mesoamericanos utilizaron el atlatl o lanzadardos, la jabalina, el arco y flecha, la cerbatana, hondas y trampas, arpones, anzuelos, fisgas, canoas, redes y aun venenos para adormecer a los peces. Obtenían venados, guajolotes silvestres, jabalíes, patos, armadillos, conejos, tortugas, pescado blanco, manatíes, jaguares, quetzales, guacamayos y muchas otras especies, aprovechables tanto en la dieta alimenticia como para fines artesanales.

Figs. 5, 10 Para distinguirse un grupo de otro, como insignia de rango, y aun como ideal de belleza, los pueblos mesoamericanos recurrieron a la práctica de la deformación craneal, a la mutilación dentaria, al tatuaje o escarificación, a la pintura corporal y facial, al teñido del pelo y los dientes, al rapado de la cabeza y la barba, lo mismo que a la perforación del tabique nasal, del labio inferior y de los lóbulos de las orejas, para colgarse narigueras, bezotes y orejeras respectivamente; a la vez que acostumbraban usar collares de cuentas, brazaletes, anillos, pectorales, cascabeles, ajorcas, espejos y otros ornamentos, fabricados con diferentes materiales.

Los diversos grupos usaron sencillas prendas de vestir, de acuerdo con el rango social y las ocupaciones de los individuos. En general usaban bragueros, faldillas, túnicas, huipiles, quechquemitl, ceñidores, mantos, sandalias, sombreros, aba- *Fig. 4* nicos, escudos, gorros cónicos, bastones de mando, etc.

Los individuos o grupos sociales integraron inicialmente comunidades agrícolas o rurales, gobernadas por una casta de magos o shamanes, pero posteriormente evolucionaron a una sociedad de tipo teocrático, propia de los centros ceremoniales, en la que había un superior estamento compuesto por los sacerdotes, guerreros, nobles, comerciantes y funcionarios menores; por debajo de ellos los artesanos, artistas, sacerdotes ayudantes y otros individuos de más bajo rango, y en escala inferior el pueblo. Este tipo de organización perduró hasta la conquista española, con jerarquías sociales y funciones diversificadas, pero con un sentido más militarista que teocrático.

En el aspecto de las artesanías, en la sala se muestra el tema de la alfarería, ocupación común de los pueblos mesoamericanos, pero cada uno de ellos con estilo propio; y así se destacan las bellas formas zoomorfas de Tlatilco, las vasijas polícromas de Chupícuaro, las tazas y vasos decorados al fresco de los teotihuacanos, las urnas con representaciones de dioses de los zapotecas, los vasos y platos polícromos de los mayas, las vasijas polícromas pintadas con motivos como los libros pictográficos y otros ejemplares más.

También se muestra la metalurgia y orfebrería, en la que sobresalieron los mixtecas y tarascos sobre todo, que trabajaron el oro, la plata y el cobre puros, lo mismo que algunas aleaciones. Con esos metales, y por las técnicas del martillado en frío, fundido o moldeado a la cera perdida, dorado, filigrana, soldadura y repujado, obtuvieron brazaletes laminados, discos con relieves, pendientes, anillos, pectorales, cascabeles, pinzas, agujas, mangos de abanico y muchas piezas más.

También se ilustra el trabajo en madera, hueso y concha, del cual obtenían peines, punzones, agujas, mangos de abanico, bastones de mando, bancos, canoas, instrumentos musicales, etc. En la lapidaria, sobresalieron los olmecas del centro de Veracruz, mayas y mexicas, como lo demuestra las cabezas colosales y altares monolíticos, los yugos y palmas, las estelas y lápidas con inscripciones jeroglíficas, o las imponentes esculturas de dioses.

En la sala de Mesoamérica hay una sección destinada a presentar las diversas formas que tenían los pueblos prehispánicos de enterrar a sus muertos. Hay una sección dedicada a la religión, con énfasis en algunas deidades principales, que muestra en un mural pintado por Raúl Anguiano, a Mictlantecuhtli o señor de la muerte, a Tepeyolotli o entraña de la tierra, a Chicomecoatl y a Coatlicue, que en conjunto gobernaban al mundo subterráneo, lo mismo que a Tezcatlipoca, Yum Kaax, Xipe y Quetzalcoatl, que eran dioses relacionados con la tierra, y a Tláloc, Ehecatl, Tonatiuh, Huehueteolt e Ix Tab, que eran dioses celestes.

Otro aspecto mostrado en la sala es el relativo a los conocimientos de los pueblos prehispánicos, como la numeración y escritura jeroglífica, la invención del cero, el sistema vigesimal, la manufactura de códices y mapas, las observaciones astronómicas sobre Venus y el Sol, la fijación de un calendario de 365 días, y la exacta duración de las lunaciones; lo mismo que conocimientos geográficos, históricos y de medicina herbolaria; literatura y poesía; arquitectura y otros progresos culturales.

Por último, en la sala se muestran los tipos de arquitectura religiosa, desde las más simples plataformas para templos y su evolución hacia las estructuras piramidales, concluyendo con los basamentos para templos gemelos como los de Tenochtitlán.

Con fines comparativos se muestran los de Tikal, Palenque y Chichén Itzá, centros que florecieron en la región maya; y por último la maqueta de Teotihuacán, para dar idea de lo que fue una metrópoli prehispánica. Asociada a este aspecto está la pintura mural, la cual se aplicó en la decoración de edificios, banquetas, esculturas, códices y cerámica. Se exhiben algunos ejemplos de ese arte, fragmentos de frescos y piezas de cerámica de varios pueblos mesoamericanos.

24

4   Figurilla polícroma con sombrero, tal vez una bailarina. Barro.
Centro de Veracruz. Alt.: 15 cm. Clásico. Cat. 4-1751.

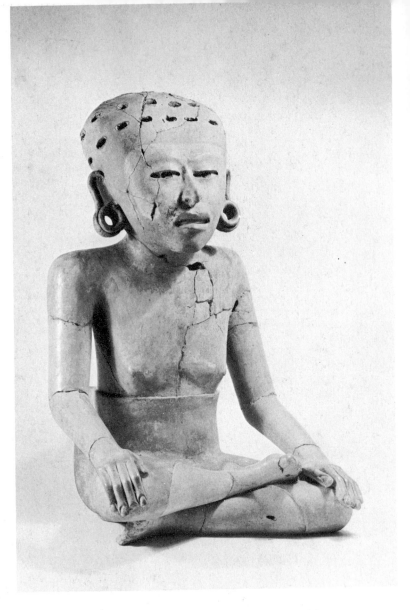

5 Mujer sedente con la cabeza deformada y rapada. Barro. Centro de Veracruz. Alt.: 45 cm. Clásico. Cat. 4-1776.

6 (derecha) Deidad celeste sosteniendo el cordón umbilical de un individuo esquelético o dios de la muerte. Piedra. Izapa, Chiapas. Alt.: 152 cm. Protoclásico. Cat. 13-784.

SALA 3

LOS ORIGENES

¡Que aclare!
¡Que amanezca en el cielo y en la tierra!
No habrá gloria ni grandeza.
Hasta que exista la criatura humana,
El hombre formado.

POPOL VUH

Como su nombre indica, esta sala se dedica a mostrar los hallazgos arqueológicos de los períodos prehistóricos americanos. La sala presenta primeramente el poblamiento de América, el cual seguramente fue el resultado de varias migraciones asiáticas, cuando menos desde hace unos 25 000 años antes de la era cristiana; la mayoría de ellas ocurrieron por el estrecho de Bering, aunque otras pudieron realizarse a través del océano Pacífico, en tiempos más recientes, pero de carácter secundario en comparación con las del norte del continente.

Las primeras migraciones ocurrieron en los tiempos de la última glaciación denominada Wisconsiniana, cuyos hielos cubrieron una gran parte del continente americano, y al quedar una especie de puente helado entre Asia y América, el hombre pudo pasar en oleadas sucesivas al nuevo continente, extendiéndose por Norteamérica, México, Centro y Sudamérica.

Los primeros pobladores venidos de Asia, dependían de la caza, pesca y recolección; conocían el uso del fuego; cazaban grandes animales pleistocénicos que les proporcionaban carne, hueso y pieles; tenían implementos de piedra parecidos a los del Paleolítico Superior del Viejo Mundo, y con las pieles se protegían el cuerpo y construían tiendas o mamparas con que guarecerse.

28

De acuerdo con un mapa de distribución exhibido en esta sala, entre los primeros pobladores del Continente predominó el tipo de cráneo alargado o dolicocéfalo; pero después llegaron también braquicéfalos o de cráneo ancho, los cuales con el tiempo dieron lugar a tipos intermedios.

Los primeros grupos de emigrantes trajeron un bajo nivel cultural, principalmente una industria lítica a base de lascas y nódulos, después algunas puntas de proyectil y diferentes artefactos como tajadores, raspadores e incipientes piedras de molienda. La evolución de estos implementos revela los modos de subsistencia que existieron en ese tiempo. Se muestran los períodos evolutivos de esos grupos y sus principales artefactos, dentro de una secuela cronológica cuya nomenclatura no es aceptada por muchos investigadores, pero que tal vez resulte la más apropiada para México.

Dicha secuela cronológico-cultural comienza con el período Arqueolítico (2500-1200 A.J.) e indica una etapa primitiva de recolectores que utilizaban cantos rodados o nódulos de piedra. Sigue el Cenolítico Inferior (12 000-7000 A.J.) correspondiente a los primeros cazadores de fauna pleistocénica, donde aparecen las primeras puntas de proyectil. A continuación el Cenolítico Superior (7000-5000 A.J.), que marca la extinción de los grandes animales y el paso del hombre a un período fundamentalmente recolector con el consecuente cambio en el utillaje. Por último el Protoneolítico (5000-2500 A.J.) en el cual se descubre la agricultura y se comienzan a integrar los grupos sedentarios y las primeras aldeas.

Al respecto puede decirse que en México se han encontrado algunos artefactos de gran antigüedad como los provenientes de Cañada Marfil, Guanajuato; Río Juchipila, Zacatecas; y Cerro de Las Palmas, Tacubaya, D.F. (Arqueolítico); numerosas evidencias de los cazadores de fauna pleistocénica, como los hallazgos de San Joaquín, Baja California; · Puntita Blanca, Sonora; Rancho Weicker, Durango; Cerro del Tecolote, Jalisco; Santa Isabel Iztapan, México; Tepexpan, México, etc. (Cenolítico Inferior); lo mismo que evidencias de grupos recolectores en la Cueva Espantosa, Coahuila; Laguna Chapala, Baja California; Coxcatlán, Puebla; Santa Marta, Chiapas; Chicoloapan, México, etc. (Cenolítico Inferior y Protoneolítico).

Sobre un gran tablero pintado por Iker Larrauri se muestra la fauna del Pleistoceno, contemporánea en parte al hombre americano, entre ella el mastodonte, mamut o elefante lanudo, bisonte de gran cornamenta, caballo americano, oso, tigre dientes de sable, perezoso, armadillo gigante, vicuña y otros más. Frente a él, y dentro de una gran fosa, se halla la reconstrucción del hallazgo de un mamut en Santa Isabel Iztapan, con sus implementos asociados.

En otra parte de la sala, un diorama muestra la cacería del mamut de Tepexpan, México, reconstruida con los datos que se obtuvieron en la exploración arqueológica. Sabemos que estos animales eran acorralados en las márgenes pantanosas del lago que encerraba la cuenca de México, para luego asaetearlos con lanzas, dardos y picas afiladas, rematándolos a golpes de maza. A continuación eran descuartizados para aprovechar su carne comestible.

En la sala se exhibe también el hueso sacro de Tequisquiac, que perteneció a una forma extinta de camélido, antecesor de la llama de Sudamérica, y muestra una serie de cortes o alteraciones con objeto de dar la apariencia de una *Fig. 7* cabeza de coyote o de algún cánido. Su antigüedad se ha calculado en unos 12 000 años A. J., lo cual la convertiría, sin lugar a dudas, en una de las primeras obras artísticas americanas.

Después del apogeo de los cazadores nómadas siguió una etapa de recolectores, los cuales se fueron asentando principalmente por el norte de la República hasta penetrar a lugares de Puebla, Oaxaca y Chiapas, como lo atestiguan los numerosos hallazgos. De ellos salieron grupos de agricultores incipientes, después de largos períodos de experimentación con ciertas plantas que recolectaban, lo cual permitió el sedentarismo.

30

Así, en la sala se muestran machacadores y piedras para la molienda de semillas y frutos silvestres, raspadores, morteros y metates, vasijas de piedra, punzones y puntas de proyectil con espiga. Las redes, bolsas y algunos tipos de cestería corresponden a la etapa de los recolectores. Entre las plantas que se recolectaban y luego cultivaron está el maíz, calabaza, chile, zapote, aguacate, amaranto, guajes, algodón, etc., que desde unos 5000 A. J. empezaron a utilizarse.

Hacia 2500 A. J., encontramos tanto en México, como en muchos sitios del continente, una agricultura en desarrollo, con la consecuente formación de aldeas; los primeros pasos en la fabricación de la cerámica; talla y pulimento de la piedra; tejido y cestería, y el inicio de un culto a los muertos. Sobre estas bases se desarrollan las culturas Preclásicas.

7   Sacro de llama fósil con apariencia de una cabeza de coyote. Hueso.
Tequixquiac, Edo. de México. Alt.: 13 cm. Lítico: 10 000-12 000 A. J.
Cat. 20-730.

EL PRECLASICO DEL ALTIPLANO CENTRAL

Esta sala se planeó con objeto de mostrar el desarrollo de las culturas Preclásicas o formativas del Altiplano Central, región que abarca la cuenca de México y los estados de Morelos, México, Puebla y Tlaxcala.

En términos generales, el Horizonte Preclásico de Mesoamérica marca el completo sedentarismo de los grupos agrícolas, el desarrollo de la cerámica, la construcción de viviendas y el culto a los muertos con prácticas funerarias avanzadas. Mejoran las artesanías, se construyen los primeros basamentos para templos, se inicia la religión y la casta sacerdotal, a la vez que se conocen la numeración, el calendario y la escritura jeroglífica, lo mismo que un arte de gran calidad y maestría técnica.

El Horizonte Preclásico puede ser dividido en tres períodos fundamentales: Inferior, Medio y Superior, a los cuales se agrega un período transicional o Protoclásico, en el que se fijan una serie de rasgos que definen a las verdaderas civilizaciones de Mesoamérica.

El Preclásico Inferior (1700 a 1300 A. J.) se caracteriza por el predominio de las pequeñas comunidades rurales, constituidas por cierto número de chozas hechas de materiales perecederos, y por la existencia de dos tradiciones alfareras distintas, una correspondiente al Altiplano Central con vasijas de bases esféricas y otra relacionada con la costa del Golfo con vasijas de bases planas. En esta época los grupos se hallaban distribuidos desde la cuenca de México y estados colindantes hasta la costa del Golfo y Chiapas, hoy sitios como El Arbolillo, Zacatenco, Tlatilco, Ajalpan, Izúcar, La Venta, San Lorenzo, El Trapiche, Chiapa de Corzo, por citar sólo los más conocidos.

El Preclásico Medio (1300 a 800 A. J.) se distingue por la evolución de las comunidades agrícolas hacia el tipo de pueblos más densamente poblados, con chozas sobre plataformas de tierra revestidas con piedra y pisos de lodo o de lajas, lo mismo que por el desarrollo local de las tradiciones alfareras antes mencionadas. En la costa del Golfo la cultura olmeca se integra y cobra una gran fuerza, influyendo especialmente sobre grupos del Altiplano Central; entonces aparecen las aldeas de Copilco, Gualupita, Chalcatzingo, Viejón, Pánuco, Mazatán, Uaxactún, Kaminaljuyú, El Opeño y otros sitios más, que se suman a los mencionados anteriormente.

El Preclásico Superior (800 a 200 A. J.) marca el auge de los grupos aldeanos, los cuales inician la construcción de pequeños centros ceremoniales no planificados, en los que aparecen los primeros basamentos para templos, algunos de ellos con tumbas en su interior, a la vez que se inicia el sacerdocio y la religión formalizada, avanza la tecnología, y se incrementan los conocimientos intelectuales, principalmente de carácter astronómico y matemático. En esta época los asentamientos humanos se multiplican y podemos mencionar Cuicuilco, Ticomán, Tlapacoya, Tres Zapotes, Remojadas, Monte Albán, Izapa, Tikal, Edzná, Dzibilchaltún.

Por último, el período Protoclásico (200 A. J. a 200 D. J.) se caracteriza por una serie de elementos que integrarán a las civilizaciones maya, zapoteca, del centro de Veracruz, y tal vez huasteca y teotihuacana, como son la técnica preciosista de labrar la piedra, las estelas y altares asociados, el calendario y la numeración de puntos y barras, el dios del fuego y el dios de la lluvia con atributos reconocibles, la pintura al fresco en las vasijas y tumbas, las vasijas tetrápodas y los soportes mamiformes, las molduras labiales y basales en la cerámica, y muchos más.

La primera vitrina exhibe la cerámica y figurillas del Preclásico Inferior de la cuenca de México; son piezas de El Arbolillo, Tlatilco y Zacatenco: grandes ollas para el almacenamiento del agua y las semillas, cuencos, jarras, platos y otras formas sencillas, las cuales eran fundamentalmente monocromas y de bases esféricas, en coloraciones negra, blanca, café oscuro y baya o café rojizo. Las figurillas se modelaban y se les aplicaban bolitas de barro; todas representaban mujeres y ellas constituyen la llamada «Tradición C» del Altiplano Central. *Fig. 8*

Luego se muestra la continuidad de la cerámica durante el Preclásico Medio, como indican unas vasijas de color rojo pulido y blanco sobre rojo. A la vez se enfatiza la introducción de la tradición alfarera de los olmecas de la costa del Golfo, cuya cerámica se caracteriza por vasos, platos, tecomates y botellones de base plana, decorados con motivos felinos o geométricos, logrados por las técnicas de impresión de uña, estampado de mecedora, impresión de textiles, excavado, etc. *Fig. 12*

La cerámica de los olmecas, que era de color negro bruñido, gris, blanca, negra con manchas blancas o blanca con manchas negras y aún con decoración negativa, con el tiempo se va mezclando con la cerámica local y enriquece la alfarería de algunos sitios de la cuenca de México, como en Tlatilco y Tlapacoya; de modo que ahora surgen los botellones fitomorfos y zoomorfos, los platos con vertedera, las vasijas con asa de estribo, los recipientes antropomorfos y otras formas, en colores rojo sobre blanco, rojo sobre café, naranja y amarillento laca, blanco con negativo, pintura sobre estuco seco y otras modalidades. *Fig. 13*

Con la llegada de los olmecas se introduce en el centro de México una nueva tradición de figurillas, las cuales se caracterizan por sus bocas trapezoidales y abultadas, como las de un niño o de un jaguar, con los rasgos faciales hechos por incisión y punzonado; mientras que la tradición del Altiplano continúa y al mezclarse con la de la costa da nuevos tipos como la «mujer bonita». *Fig. 9*

Las figurillas nos indican en parte cómo eran las gentes de esos tiempos, cómo se vestían y adornaban, lo mismo que algunas costumbres como la deformación craneal, la mutila-

Fig. 10,
14, 4 ción dentaria, el rapado de la cabeza, el tatuaje y la pintura corporal y facial. Observamos el uso de bragueros, faldillas, sandalias, sombreros, turbantes, orejeras, collares, espejos de pirita...

En otra vitrina de la sala puede verse el aspecto de la economía de esos grupos, los cuales vivían básicamente de la agricultura del maíz, calabaza, fríjol y chile; lo mismo que de la caza, pesca y recolección. Todo ello se ilustra con vasi-

cf. Fig. 57
Fig. 13 jas del Preclásico Medio que representan calabazas, conejos, patos, ranas, tortugas, aves y otros animales.

Contaban con una avanzada tecnología que consistía en morteros y metates de piedra para machacar semillas y moler el maíz; puntas de proyectil para la caza; punzones y agujas de hueso para la confección de vestidos; hachas de piedra para trabajar la madera y desmontar el bosque; raspadores, pulidores y otras herramientas.

En la sección dedicada a la religión encontramos el testimonio de que los grupos de la cuenca de México tenían el culto a la fertilidad de la tierra y a los fenómenos naturales,

Fig. 15 para lo cual se modelaban figurillas femeninas de barro propiciatorias de las buenas cosechas y del nacimiento de las plantas. Con la influencia de la cultura olmeca se adoptó una deidad jaguar relacionada con la lluvia, la cual se fusionó con una serpiente acuática para dar una especie de dragón celeste, que más tarde se convertiría en el dios del agua.

Los hechiceros o magos, ataviados con máscaras que representaban animales o seres humanos, participaban en las

Fig. 11 festividades agrícolas; a esas mismas fiestas concurrían bailarines de ambos sexos, acróbatas, jorobados y jugadores de

Fig. 16 pelota y músicos, los cuales contribuían al esparcimiento de la concurrencia.

Por último, en la misma sección del Preclásico Medio se exhiben algunas obras escogidas de cerámica y figurillas, las cuales enfatizan la calidad del arte de esos tiempos. También se exhibe un entierro de Tlatilco con sus ofrendas, para mostrar el culto a los muertos, aquí cabe mencionar la costumbre que tenían de envolver al difunto en petates o mantas, depositarlos en forma extendida o flexionada en fosas excavadas, rociarlos con pintura roja o cinabrio y colocarles ofrendas de alimentos y objetos personales que les servirían en la otra vida.

La sección dedicada al Preclásico Superior muestra en primer lugar un tipo nuevo de implementos necesarios para la construcción de plataformas y basamentos para templos: aplanadores para pisos y paredes, plomadas, martilladores, cinceles para cortar la piedra, etc.

En la cerámica de la época predomina la policromía y la decoración negativa, la pintura al fresco, los soportes ornamentales, la pintura delimitada por incisión, las bases anulares y otras modalidades; se introduce la cerámica de Chupícuaro, Guanajuato, la cual influye sobre la alfarería de algunos grupos, enriqueciendo sus formas y decoración. *Fig. 18*

Se muestran vasijas rojo sobre café, blanco sobre rojo, negro y rojo sobre crema, rojo pulido, blanco y rojo sobre café, piezas polícromas con adición de negativo, y otras muchas variantes; lo mismo que figurillas del período, junto con las de la tradición del occidente de México.

Con la aparición de los pequeños centros ceremoniales y basamentos para templos, se comenzaron también los cantos religiosos a algunas deidades y se inició la casta sacerdotal. Se exhiben en la vitrina de religión algunas representaciones del dios Huehueteotl o deidad del fuego, concebido como un viejo jorobado que lleva un brasero sobre la espalda; lo mismo que el antecedente del dios Tláloc o de la lluvia, cuya *Fig. 17* efigie esquematizada aparece sobre el cuello de algunos botellones.

En la misma sala un tablero muestra la evolución de la arquitectura durante el Preclásico Superior, comenzando con las sencillas plataformas y chozas encontradas en el Cerro del Tepalcate. De la superposición de plataformas surgen los primeros basamentos escalonados como los de Cuicuilco, primero de barro y luego de piedra, para lograr después el basamento piramidal de Tlapacoya, el cual fue la inspiración para la construcción de las llamadas pirámides del Sol y de la Luna en Teotihuacán.

En el basamento piramidal de Tlapacoya, se encontraron tres tumbas de piedra con techos de lajas basálticas, dentro de las cuales se enterraron a personas seguramente importantes con acompañamiento de cientos de vasijas, figurillas, cestería y ornamentos. Se exhiben en forma especial las vasijas decoradas al fresco, y otros recipientes que por su forma dan idea de la originalidad de los alfareros de ese lugar.

La cerámica de otros sitios del Preclásico Superior y Protoclásico encontrada en Zacatenco, Ticomán, Cuanalan y en Teotihuacán, ocupa la última vitrina. En general las formas son sencillas: cajetes trípodes de color rojo, platos, vasijas con efigie y vasos cilíndricos con decoración negativa o punzonada.

Cierra el circuito la exhibición de figurillas de varios sitios de Mesoamérica para mostrar las diferencias regionales de un concepto tan extendido y desarrollado por los mesoamericanos.

En el jardín se encuentra la reconstrucción, a escala, de una pequeña estructura circular descubierta en Cuicuilco. Tiene un pasillo de entrada y se realizó por medio de grandes lajas basálticas superpuestas, las paredes interiores pintadas con dibujos en espiral o serpentinos en color rojo; fue utilizada sin duda para ceremonias religiosas.

8 Mujer con
niño en el bra-
zo. Barro. Tla-
pacoya. Edo. de
México. Alt.:
17 cm. Preclá-
sico Inferior.
Cat. 1-2390.

10 (*derecha*) Cabeza hueca con rasgos de niño, rapada y mostrando los dientes mutilados. Barro. Tlatilco, E. de México. Alt.: 16 cm. Preclásico Medio. Influencia olmeca. Cat. 1-3363.

11 (*derecha, abajo*) Contorsionista o acróbata. Barro. Tlatilco, Edo. de México. Alt.: 22 cm. Preclásico Medio. Influencia olmeca. Cat. 1-3365.

9 Sacerdote ataviado con piel de jaguar. Barro. Atlihuayán, Morelos. Alt.: 21 cm. Preclásico Medio. Influencia olmeca. Cat. 1-3364.

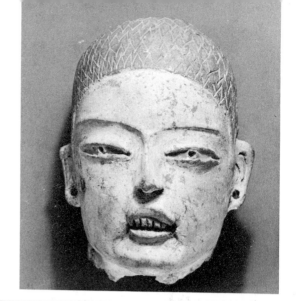

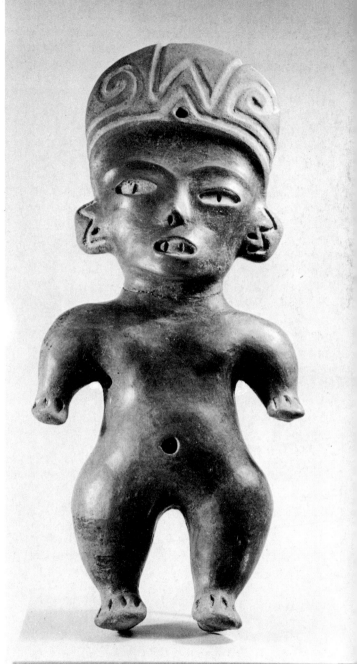

12 *(izquierda)* Vaso decorado con caras de jaguar. Barro. Tlapacoya, Edo. de México. Alt.: 12 cm. Preclásico Medio. Influencia olmeca. Cat. 1-2298.

13 *(izquierda)* Vaso en forma de pez. Barro. Tlatilco, Edo. de México. Alt.: 13 cm. Preclásico Medio. Influencia olmeca. Cat. 1-2578.

14 Figura hueca con cabeza rapada y tal vez tatuada. Barro. Tlatilco, Edo. de México. Alt.: 31 cm. Preclásico Medio. Cat. 1-2342.

43

15 Mujeres con dos caras y dos cabezas en un mismo cuerpo. Barro. Tlatilco, Edo. de México. Alt.: 6 y 11 cm. Preclásico Medio. Cat. 1-2705, 1-2703.

16 (*derecha, arriba*) Representación de un mago o hechicero, un músico con tambor y bailarinas. Barro. Tlatilco, Edo. de México. Alt.: 12, 8, 10 y 10 cm. Preclásico Medio. Cat. 1-2472, 1-2469, 1-2270, 1-2484.

17 (*derecha*) El dios Viejo o del Fuego (Huehueteotl) con brasero sobre la espalda. Barro. Cuicuilco, D. F. Alt.: 13 cm. Preclásico Superior. Cat. 1-557.

44

45

18· Vasijas decoradas con pinturas al fresco. Barro. Tlapacoya, Edo. de México. Alt.: 22 y 14 cm. Preclásico Superior. Cat. 1-1321, 1-322.

TEOTIHUACAN

> *Cuando aún era de noche,*
> *Cuando aún no había día,*
> *Cuando aún no había luz,*
> *Se reunieron.*
> *Se convocaron los dioses.*
> *Allá en Teotihuacán.*
>
> (CÓDICE MATRITENSE)

La historia de Teotihuacán se remonta a los tiempos del Preclásico Superior (500 A. J.); por esa época el valle estaba ocupado por pueblos aldeanos dispersos, los cuales vivían de la agricultura, hacían cerámica y construían burdos basamentos para sus templos. Entre 200 A. J. y 150 D. J., las poblaciones comenzaron a concentrarse hacia el centro del valle de Teotihuacán y construyeron las pirámides del Sol y de la Luna, siguiendo los lineamientos arquitectónicos del Preclásico, pero a escala monumental; revestidas de estuco, y orientadas a los puntos cardinales.

Con el tiempo, Teotihuacán desarrolló una serie de rasgos propios que la distinguieron de otras culturas contemporáneas. En arquitectura establecen la modalidad de «talud y tablero». Construyeron templos como el de Quetzalcoatl o de la Serpiente Emplumada, cuyo frente es un mosaico de piedra y estuco policromado. Levantaron edificios como los llamados Subterráneos y el templo de la Agricultura, en los cuales aparecen las primeras pinturas murales representativas.

En esta época la casta sacerdotal gobierna a la sociedad, impulsa los conocimientos, las artesanías y el culto a las deidades, especialmente a Tláloc y Chalchiuhtlicue que se relacionan con el agua, lo mismo que a Huehueteotl, deidad del fuego. Se desarrolla la escultura monumental, la alfarería, y el comercio se extiende hasta la costa del Golfo y Oaxaca. Estos logros ocurridos entre 150 y 350 D. J., marcan el inicio del urbanismo y la expansión de esa importante ciudad.

Entre 350 y 650 D. J., ocurre el florecimiento de la ciudad de Teotihuacán. El centro ceremonial se planea sobre un eje norte-sur o Avenida de los Muertos, a cuyos lados se van alineando los basamentos para templos y palacios de la clase dirigente; se construyen grandes plazas como la de la Luna y la Ciudadela para los cultos y festividades religiosas, en las que no faltan los altares y adoratorios. Los barrios residenciales se distribuyen alrededor del centro ceremonial y hacia la periferia proliferan los jacales o chozas para el pueblo.

La pintura mural exalta las ideas religiosas de los teotihuacanos, se rinde culto a Tláloc, a Huehueteotl, a Xipe, lo mismo que a un dios Gordo costeño y a Chalchiuhtlicue y a Quetzalpapalotl. Se desarrollan los conocimientos del calendario, la numeración y la escritura jeroglífica, la astronomía y la medicina herbolaria. En suma, durante esta etapa florecen las artes, la religión, los conocimientos, las artesanías y el comercio, por lo que Teotihuacán se convierte en el centro cultural más importante del Altiplano Central, que influye sobre otros pueblos.

A partir de 650 D. J. la cultura teotihuacana toca a su fin. Ya no se vuelven a construir edificios importantes, la cerámica y en general todas las artesanías se estancan, la casta sacerdotal ya no puede asegurar la economía de esa gran población, las artes sufren un gran retroceso. Es el momento en que otros grupos de más bajo nivel cultural, procedentes del norte, comienzan a invadir la cuenca de México, uno de los cuales cae sobre Teotihuacán.

En los años siguientes estos recién llegados incendian y destruyen buena parte del centro ceremonial, profanan tumbas y saquean ofrendas, desmantelan edificios; pero conviven con un remanente de población teotihuacana, reocupan sus cuartos, adaptan edificios, adquieren algunos conocimientos, imponen una nueva religión, y ya aculturados se transforman en «artífices o sabios», es decir, se vuelven «toltecas», e inician una nueva etapa en el desenvolvimiento cultural del México prehispánico.

Las exhibiciones comienzan con una maqueta de Teotihuacán, la cual incluye el centro ceremonial, para ubicar al espectador y explicar las condiciones ecológicas del lugar. El valle de Teotihuacán es una planicie sedimentaria de suave declive, abierta hacia el oeste y cerrada en sus demás partes por formaciones volcánicas que dan la impresión de un gran arco montañoso; de ahí bajaban las corrientes de agua que irrigaban las tierras de cultivo y permitían la subsistencia de la población, a la vez que existían densos bosques de coníferas, una fauna aún abundante y otras materias primas, lo cual permitió el desarrollo de una gran población.

A continuación, y en una serie de vitrinas, se muestra la cerámica, gracias a la cual se han podido establecer períodos cronológicos, que señalan las diversas etapas de esta cultura. Se exhiben primero ejemplares de la fase Teotihuacán I-A, llamado también Tzacualli Tardío, en la que predominan los platos con soportes de botón, vasijas en forma de floreros, vasos con la efigie de Tláloc y otras variantes, todas ellas en color café con pulimento de palillos.

La fase Teotihuacán II o Miccaotli se distingue por las *Figs. 19, 21* ollas, platos y tazas con soportes de botón, por algunas ánforas con asas, vasos trípodes y platos-tapaderas, en colores negro o café negruzco. En la fase transicional siguiente hay cerámica en rojo sobre café claro, rojo sobre amarillo y negro, en forma de escudillas con soportes cónicos sólidos y vasos de paredes divergentes, sobre los que a menudo se observa una decoración esgrafiada.

En la fase Teotihuacán II-A o Tlamimilolpan Temprano, predominan los candeleros, vasijas miniatura, copas con vertedera, patojos y vasos con soportes. muchos de ellos con una

49

variada decoración; a continuación viene la fase Teotihuacán II-A-III o Tlamimilolpan Tardío, durante la cual ocurre el auge de la cerámica anaranjada delgada, y se inicia la pintura al fresco junto con la decoración raspada o champlevé, principalmente en forma de vasos trípodes con tapas.

En esta misma forma se exhibe la cerámica de la fase Teotihuacán II o Xolalpan Temprano; ejemplares del período Teotihuacán III-A o Xolalpan Tardío; y vasijas de la fase Teotihuacán IV Metepec; hasta llegar a la cerámica Coyotlatelco, la cual marca el abandono del lugar. Toda esta periodificación cubre el período de tiempo comprendido entre 200 A. J. y 800 D. J., que es cuando se integra, desarrolla y muere dicha cultura.

Figs. 20, 22

Figs. 23, 24

Otra sección de la sala está dedicada a mostrar las artesanías y tecnología de los teotihuacanos: para la construcción de sus edificios los canteros extraían la piedra por medio de cuñas de madera y martillos, luego la cortaban y labraban con cinceles y pulidores, empleaban plomadas de piedra, pulidores o aplanadores de pisos y paredes, cordeles, rodillos y rampas de tierra. Por lo general las estructuras se revestían con un aplanado de cal o estuco, aunque también se empleó la pintura y el mosaico de piedra.

Los teotihuacanos acostumbraban a decorar los templos y habitaciones de los sacerdotes y nobles con frescos de tema religioso. Para ello cubrían los muros con una capa de estuco o cal, sobre la cual se aplicaban los colores diluidos en agua cuando estaba húmedo (fresco), o se aplicaban en estado seco (temple), con los colores mezclados con alguna resina o pegamento. Los pintores emplearon colores obtenidos de minerales, entre ellos el rojo indio, azul, amarillo y negro, colores que diluían en paletas para obtener tonalidades. La pintura fue aplicada también directamente sobre la piedra, en la cerámica y figurillas.

Los lapidarios utilizaron cinceles de serpentina, martillos, piedras-yunques, taladros, perforadores, pulidores y abrasivos como la arena y el agua, para obtener superficies bien

50

pulidas; con estos implementos obterían esculturas, máscaras, figuras, herramientas y otros objetos.

Con caracoles y conchas marinas, traídos por comercio, tanto de la costa del Golfo de México como del océano Pacífico, obtenían cuentas para collares, pectorales, orejeras, anillos y otros ornamentos; los grandes caracoles labrados servían como instrumentos musicales. En menor escala se trabajó el hueso y la madera, pero con exquisita maestría y técnica.

La alfarería fue tal vez una de las artesanías más importantes; modelaban sus piezas a mano o por medio de moldes para obtener objetos en serie, que eran productos para los intercambios comerciales. Para el tejido se utilizaron telares, hueso y malacates, agujas, punzones y colorantes, lo mismo que algodón, maguey y tal vez yuca, todo lo cual permitió la obtención de diversas prendas de vestir. También se empleó la corteza del amate en la manufactura de papel.

En otra parte de la sala se muestra la reproducción de la pintura mural del palacio de Tepantitla, conocida como El Tlalocan, ya que representa lo que para los mexicas era el paraíso del dios Tláloc. Ahí iban los guerreros, los jugadores, los ahogados y los hidrópicos cuando morían; puede verse a los difuntos, representados en forma de figurillas tipo «retrato» pintadas de amarillo, rosa o azul, los cuales se divierten nadando en el agua de una laguna y ríos, cazando libélulas y mariposas, cantando y practicando varios juegos, entre ellos el de la pelota; todos bajo la protección del dios Tláloc o de la lluvia, el cual aparece ataviado casi siempre con un tocado de quetzal, máscara sobre el rostro, y una rica indumentaria.

Hacia un extremo de la sala está la reproducción de una esquina del templo de Quetzalcoatl o de la Serpiente Emplumada, a tamaño natural en la que se han reconstruido los colores originales de su decoración. Predominan las serpientes con plumas preciosas, caracoles y conchas marinas, junto a grandes mascarones del dios de la lluvia.

51

Las pinturas murales exhibidas a continuación, son reproducciones de las encontradas en edificios de la ciudad de Teotihuacán.

Entre las esculturas más notables exhibidas podemos mencionar la estela de La Ventilla, la cual se compone de cuatro secciones desmontables, decoradas con bajo relieves al estilo del centro de Veracruz; servía para delimitar el terreno o cancha en donde se jugaba a la pelota, como se observa en una parte del Tlalocan. Dicho juego se practicaba con bastones de madera labrada y pintada, tratando de llevar la pelota en el aire, de un extremo al otro del campo.

Otra escultura sobresaliente es la de la diosa Chalchiuh-

Fig. 25 tlicue, compañera de Tláloc y deidad del agua terrestre, concebida como una masa cúbica de piedra a tono con el estilo arquitectónico de Teotihuacán. La diosa viste un huipil y faldilla decorada, quechquemitl, sandalias, tocado en la cabeza, orejeras, collar formado por tres sartales de cuentas y brazaletes.

También se muestran algunas esculturas del dios del

Fig. 27 fuego o Huehueteotl, concebido como un viejo que llevaba un gran brasero para el fuego sobre la cabeza. Algunas almenas o remates del techo de los edificios, de piedra o de barro, en forma de caracol cortado, de grecas escalonadas, o con la efigie de Tláloc; lo mismo que una escultura en forma de doble cráneo humano, relacionado con el dios de la muerte o Mictlantecuhtli, la cual tenía los ojos y la nariz incrustados con algún material precioso.

Los logros arquitectónicos obtenidos por los teotihuacanos se muestran en grandes fotomurales y dibujos de las plantas de los edificios, entre ellos el de la Pirámide del Sol y La Ciudadela. La Pirámide del Sol fue un basamento de planta rectangular, compuesto de varios cuerpos inclinados y con escalinatas angostas, semejantes a las construcciones del período Preclásico, pero concebida a escala monumental ya que su base tiene 225 metros por lado y una altura de cerca de 65 metros. Después sufrió el adosamiento de un edificio en el frente, compuesto ya del típico tablero y talud teotihuacano.

La Ciudadela era un gran recinto cerrado por sus cuatro lados, con pequeños basamentos para templos, dispuestos simétricamente sobre las plataformas; casi hacia el centro se levantó un gran basamento, que tapó al templo de Quetzalcoatl, y un altar con cuatro escalinatas.

En la época de auge, Teotihuacán contó con varios barrios, tanto de artesanos como residenciales; cada uno de ellos estaba compuesto de cierto número de edificios, constituidos por multitud de cuartos y patios interiores, pero con una sola entrada, o sea que formaban especies de manzanas de cuartos o multifamiliares, donde había calles y drenajes.

A continuación sigue una sección destinada a la escultura menor, que muestra la habilidad técnica alcanzada por los lapidarios. Se exhiben algunas máscaras que tal vez se colocaban sobre el rostro del muerto; una figura humana con rasgos olmecoides; una cabeza con dos círculos o chalchihuites sobre la frente; un jaguarcillo con rasgos esquematizados; un bello vaso con la representación del dios Tláloc, y otras esculturas menores. *Fig. 28* *Fig. 26*

Y por último, en vitrina especial se muestran algunas obras selectas de la alfarería teotihuacana, especialmente la cerámica anaranjada delgada que fue objeto de comercio; en la cual sobresalen las vasijas antropomorfas, los perros echados, las vasijas silbadoras con representaciones de monos y otros animales; las ollas y cuencos decorados a veces con pintura al fresco, vasijas en forma de pie con sandalias o huaraches, tazas y máscaras semejantes a las que se tallaban en piedra. *Figs. 29, 31* *Fig. 30*

19 (*izquierda*) Vasija en forma de ave, con adornos de caracoles y conchas marinas. Barro. Alt.: 25 cm. Protoclásico. Teotihuacán II. Cat. 9-2548.

20 (*izquierda*) Vaso con un panel decorado con volutas o entrelaces. Barro. Alt.: 11 cm. Clásico. Teotihuacán III. Cat. 9-2557.

21 Brasero en forma de templo con techo cónico. Barro. Alt.: 30 cm. Protoclásico. Teotihuacán II. Cat. 9-2859.

23 *(derecha)* Vaso trípode con tapa, decorado con discos de concha. Barro. Alt.: 24 cm. Clásico. Theotihuacán III. Cat. 9-686.

24 *(derecha, abajo)* Brasero con representación de un templo y máscara de la deidad en el interior. Barro. Alt.: 60 cm. Clásico. Teotihuacán III-IV. Cat. 9-2407.

22 Vaso trípode con decoración al fresco. Diseños relacionados con Tláloc o dios de la lluvia. Barro. Alt.: 15 cm. Clásico. Teotihuacán III. Cat. 9-2498.

57

25 (*izquierda*) Chalchiuhtlicue o «la de la falda de
jade», diosa del agua. Piedra. Alt.: 320 cm. Clásico.
Teotihuacán III.
Cat. 9-2566.

26 Vaso con la efigie
del dios Tláloc o de la
lluvia. Piedra. Alt.: 25
cm. Clásico. Teotihuacán
III. Cat. 9-1697.

27 Escultura representan-
do al dios Huehueteotl, con
cara de viejo y brasero sobre la cabeza. Deidad del
fuego. Piedra. Alt.: 36 cm.
Clásico. Teotihuacán III.
Cat. 9-3283.

28 Máscara funeraria. Piedra. Alt.: 18 cm. Clásico. Teotihuacán III. Cat. 9-1700.

29 (derecha) Máscara humana. Barro. Alt.: 10 cm. Clásico. Teotihuacán III. Cat. 9-500.

30 (abajo) Olla. Barro. Alt.: 21 cm. Clásico. Teotihuacán III. Cat. 9-759.

31 (derecha, abajo) Vasija con figura. Barro. Alt.: 12 cm. Clásico. Teotihuacán III. Cat. 9-2847.

SALA 6

TOLTECA

Estos toltecas eran ciertamente sabios,
Solían dialogar con su propio corazón.

Cuando Teotihuacán había alcanzado su máximo esplendor, y Monte Albán y El Tajín florecían en Oaxaca y el centro de Veracruz, la ciudad arqueológica de Xochicalco, Morelos, iniciaba su desenvolvimiento cultural; en el cual se aprecian influencias de esos grupos más avanzados, y aun rasgos de los mayas, que eran los genios matemáticos del área mesoamericana.

Así, Xochicalco, «la casa de las flores», fue contemporánea a los fines de Teotihuacán y a los inicios de los toltecas de Tula, por lo cual en esta sala se exhiben en primer lugar algunos materiales de ese sitio.

Edificada sobre un largo cerro, que fue acondicionado artificialmente por medio de terrazas escalonadas y contrafuertes de contención, la ciudad está fortificada, por medio de fosas y construcciones artificiales. Dentro de ella quedan plazas rodeadas de basamentos, altares, juegos de pelota, columnatas. La zona habitacional es extensísima, es una ciudad compacta en la que se aprovechó al máximo el espacio. En el mismo cerro de Xochicalco hay cuevas que se acondicionaron para observaciones astronómicas.

Su basamento principal, conocido como la Pirámide de la Serpiente Emplumada, recuerda el estilo arquitectónico de Teotihuacán, aunque aquí el talud es de mayor altura y el tablero se convierte en cornisa, el tema de su decoración y la calidad de los bajo relieves es el mismo, o sea la representación de serpientes preciosas adornadas con plumas y caracoles cortados. En las ondulaciones del cuerpo de las serpientes hay intercaladas una serie de figuras humanas sedentes en este caso, al estilo de los bajo relieves de las estelas y placas de la cultura maya. También hay varios jeroglíficos labrados en los estilos zapoteca y nahua, uno de ellos simbolizando el ajuste del calendario del lugar con los de otros grupos. Las influencias culturales de los mayas están patentes también en su juego de pelota, estructura en forma de I con anillos de piedra empotrados en el paramento, semejantes a los juegos de Uxmal y Chichén Itzá, Yucatán. De allí procede también una bella escultura en forma de guacamayo, *Fig. 34* en la cual el artista logró la abstracción del ave y su simbolismo solar. Al respecto cabe mencionar que en Copán, Honduras, el juego de pelota tenía guacamayos como marcadores del campo o cancha.

De Xochicalco proceden otras esculturas, entre ellas la llamada «Piedra del Palacio», la cual ostenta jeroglíficos con numerales, indicando también el ajuste del calendario; la escultura conocida como «La Malinche» o «La India», que simboliza a una diosa de la vegetación; la imagen de una mujer de pie que sostiene, sobre el vientre, un disco o vasija circular, así como tres bellas estelas, esculpidas por sus cuatro lados, con efigies del dios Tláloc o de la lluvia y de *Fig. 32* Quetzalcoatl, dentro de un estilo nahua, zapoteca y del centro de Veracruz.

La misma cerámica de Xochicalco está relacionada con la región maya, con la teotihuacana y con los inicios de Tula, como se aprecia en las vasijas del tipo anaranjado, negruzco, rojizo y otras modalidades. Se han encontrado numerosos objetos de ofrendas, entre algunos yugos lisos, figuras del tipo Mezcala, conchas del Pacífico, un vaso de alabastro con *Fig. 33* decoración al fresco, pectorales o placas de jadeíta, etc., que indican el comercio y las relaciones con esos grupos.

El cronista fray Bernardino de Sahagún refiere que algunas gentes fueron a poblar Tamoanchán, «el lugar del pájaro-serpiente», en donde compusieron la cuenta de los días,

63

de las noches y de los años, que perduraron hasta tiempos de los aztecas o mexicas; de ahí partieron algunos grupos a Xomiltepec, y pasaron al pueblo de Teotihuacán, donde eligieron a los que habían de regir y gobernar a los demás.

Estas referencias históricas parecen indicar que Tamoanchán pudo ser Xochicalco, pues su basamento principal está decorado con serpientes emplumadas, y el lugar denominado Xomiltepec o Jumiltepec queda intermedio entre ese gran centro y Teotihuacán; a la vez que allí hay jeroglíficos que indican el ajuste de los calendarios nahua, maya, zapoteca y tal vez del centro de Veracruz, cuyas relaciones se observan también en las esculturas, estelas y objetos ya mencionados.

Por evidencias arqueológicas y noticias históricas, sabemos también que Teotihuacán fue ocupado por gentes de más bajo nivel cultural, entre el 650 y 700 D. J.; y ahí tuvo lugar la celebración del Quinto Sol, que implica un cambio en la religión, y sobre cuyo suceso los Anales de Cuauhtitlán dicen que: «...el nombre de este sol es Nahui Ollin (4 movimiento), es el que hoy vivimos... porque cayó en el fuego el sol, en el horno divino de Teotihuacán... (y) fue el mismo sol de Topiltzin de Tollan (Tula) de Quetzalcoatl. Antes de ser éste sol, fue su nombre de Nanahuatl que era de Tamoanchán», o sea que con este acontecimiento se inicia la era de los toltecas.

La cerámica encontrada en Tula comienza con el tipo Coyotlatelco de los fines de Teotihuacán, la cual se caracteriza por sus cuencos sencillos, tazas y platos trípodes pintados de rojo sobre café amarillento; y de ella sale la cerámica Mazapán, que se distingue por sus platos y cuencos de color crema, con motivos de líneas ondulantes paralelas, hechas con varios pinceles al mismo tiempo y pintadas de rojo. También se hicieron vasijas de color naranja pintada a brochazos, negro sobre anaranjado, y blanco levantado; a la vez que hubo cerámica importada de otros lugares, entre ella el tipo «plumbate» o plomizo, el cloisonné y polícroma de la Huasteca.

Fig. 36

64

Sus figurillas fueron hechas en moldes, muy aplanadas, *Fig. 35* y a menudo pintadas de azul, rojo, amarillo, blanco y negro, directamente sobre el barro, las cuales representan mujeres, deidades y personajes importantes, lo mismo que guerreros. Los toltecas siguieron el modelo urbanístico de los grandes centros de la época Clásica, lo mismo que el estilo escultórico en boga; pero con el tiempo desarrollaron elementos propios, que se difundieron hacia otros grupos.

Así, sus edificios muestran el uso del talud y tablero, pero con sus proporciones invertidas a como sucedía en Teotihuacán; construyeron su juego de pelota semejante al de Xochicalco; hicieron uso del bajo relieve para decorar sus basamentos y banquetas; desarrollaron el concepto de las columnas serpentinas. Adoptaron también la decoración de tamborcillos o columnillas de los mayas del período Puuc, como puede verse en el Palacio Quemado, a través de un tablero pintado en la sala y de varios ejemplos de ellos mismos, recogidos en ese sitio arqueológico.

En el centro de Tula los edificios principales son el Templo del Sol y el Templo de Tlahuizcalpantecuhtli que limitan dos lados de una gran plaza ceremonial; una larga columnata que se comunica con el Palacio Quemado; un muro con serpientes y caracoles cortados; otra plaza que incluye un juego de pelota. Alrededor, restos de habitaciones, altares, y otras estructuras menores. En una zona aledaña hay un basamento circular relacionado con el dios del Viento, y un altar decorado con calaveras o tzompantli.

El llamado Templo de Tlahuizcalpantecuhtli o Señor del Alba es el más importante de Tula; se compone de varios cuerpos superpuestos por medio de talud y tablero. Los tableros estaban decorados con bajo relieves representando coyotes, zopilotes reales, águilas y tigres con collares, tal vez alusivos a los guerreros u órdenes militares. Sobre el basamento quedaba el templo propiamente dicho, que tenía dos columnas serpentinas para formar las entradas y sostener los dinteles, lo mismo que cuatro colosos o atlantes de piedra y varias pilastras decoradas con guerreros, los cuales sostenían la techumbre del santuario.

Estos atlantes o colosos de Tula, uno de cuyos ejemplares se exhibe en la sala, miden 4,60 metros de alto; están formados por cuatro secciones que se eslabonan por el sistema de caja y espiga; representan a guerreros que llevan un tocado de plumas, banda frontal, orejeras de tapón, pectoral de mariposa, faldilla sujeta por un cinturón que lleva un gran disco en la parte de atrás, relacionando con el sol, sandalias con talonera, y en una mano portan el propulsor o lanzadardos y en la otra llevan un haz de dardos.

Los toltecas trabajaron la piedra en bajo relieve y en escultura de bulto. Aquí se muestran a los llamados Chacmoles, *Fig. 37* o individuos recostados que llevan un recipiente sobre el vientre, en donde se colocaba la ofrenda del sacrificio; o sea que simbolizan al «mensajero divino», el cual llevaba la ofrenda al dios solar. Por lo general estas esculturas se colocaban al frente de los altares.

Figs. 38, También se exhiben una serie de esculturas en basalto, *39, 41* llamados atlantes que sostenían las mesas de piedra o altares y algunas lápidas del Coatepantli, decoradas con bajo relieves en forma de serpientes que devoran a seres humanos esqueléticos, tal vez alusivos a la desaparición de Venus como estrella matutina y su paso a estrella vespertina. Se muestra la reproducción de una banqueta decorada con una procesión de guerreros y sacerdotes ricamente vestidos, estaba estucada y pintada de diversos colores.

En Tula, los toltecas adoraron a Quetzalcoatl, dios del planeta Venus, en sus aspectos matutino y vespertino. Los sacerdotes eran llamados también con el nombre de la deidad y llevaban sus atributos; por ello, entre sus gobernantes hubo uno muy importante llamado Ce Acatl Topiltzin Quetzalcoatl —el cual a menudo se confunde con la deidad—, y, que llegó a ser un héroe-dios civilizador. Hubo otros gobernantes con distintos nombres, entre ellos Huemac, con el cual prácticamente terminó el apogeo de ese centro.

Puede decirse que los toltecas existieron fundamentalmente entre 900 y 1200 D. J., hacia los finales de Tula, según las fuentes históricas, algunos de ellos se dispersaron por Puebla y Tlaxcala, ocuparon Cholula y vencieron a los olmecas-xicalancas que emigraron hacia la costa del Golfo; mientras que la población superviviente de Tula vio llegar a nuevos grupos chichimecas, entre ellos a las huestes de Xólotl y posteriormente a los mexicas, últimos que heredaron algunos de sus conocimientos culturales y les pusieron el nombre de toltecas, es decir, de artesanos y artífices.

Hacia el final de la sala y en el pasillo de salida se exhiben algunos materiales de Cholula, Puebla, por las relaciones históricas mencionadas; aunque cabe aclarar que este lugar sufrió varios períodos de ocupación y la influencia de distintas culturas. Así, su historia comienza con el asentamiento de gentes del Preclásico, que construyeron algunas plataformas de lodo y piedra fundamentalmente, luego recibieron la influencia o colonización de un grupo teotihuacano, que dejó algunos basamentos con talud y tablero, uno de ellos con pinturas al fresco, representando chapulines.

Todas estas estructuras fueron aprovechadas como material de relleno por otros grupos, es decir, fueron cubiertas para levantar la gran pirámide de Cholula cuya maqueta aquí se exhibe. Esta imponente construcción tenía más de 400 metros por lado, y cuando menos tres cuerpos con una altura total de más de 60 metros. En los primeros tiempos de la conquista se construyó sobre ella la iglesia de los Remedios.

En Cholula se elaboró una bella alfarería policromada, conocida como cholulteca o mixteca-puebla, por su gran parecido con la cerámica de los mixtecas; en ella hay platos, copas con base anular, jarras, cuencos y otras formas decoradas con motivos florales, grecas, calaveras, tibias humanas, jeroglíficos y otros diseños geométricos. Por lo general se emplearon los colores: negro, rojo guinda, gris, naranja y blanco, en varias combinaciones.

32 Estela con la cara del dios
Tláloc o de la lluvia. Piedra.
Xochicalco, Morelos. Alt.:
149 cm. Clásico Tardío.
Cat. 14-10.

33 *(derecha)* Vaso de
alabastro con un panel
pintado al fresco.
Piedra, Xochicalco,
Morelos. Alt.: 149 cm.
Clásico Tardío.
Cat. 14-9.

34 *(derecha)* Escultura
en forma de guacamayo.
Piedra. Xochicalco, Mo-
relos. Alt.: 55 cm.
Clásico Tardío.
Cat. 14-2.

35 Figurillas con pintura directa sobre el barro. Mujer, sacerdote de Tláloc y guerrero. Barro. Alt.: 18, 20 y 15 cm. Postclásico Temprano. Cat. 15-62, 15-68, 15-65, 15-38.

36 Vasija zoomorfa tipo «plumbate Tohil». Barro. Alt.: 16 cm. Postclásico Temprano. Cat. 15-35.

37 Escultura conocida comúnmente con el nombre de Chacmol. Representa al «mensajero divino» que recibía y llevaba al Sol la ofrenda del sacrificio humano. Piedra. Alt.: 66 cm. Postclásico Temprano. Cat. 15-151.

38, 39 Vista anterior y posterior de un atlante en forma de guerrero.
Piedra. Alt.: 115 cm. Postclásico Temprano. Cat. 15-196.

40 *(derecha)* Portaestandarte en forma de figura humana. Piedra.
Alt.: 110 cm. Postclásico Temprano. Cat. 15-169.

42 Cara humana con tocado de coyote. Barro y mosaico de concha.
Alt.: 14 cm. Postclásico Temprano. Cat. 15-27.

41 *(izquierda)* Atlante o «Coloso de Tula» en forma de guerrero.
Piedra. Alt.: 460 cm. Postclásico Temprano. Cat. 15-104.

44 Lápida con la efigie del dios Quetzalcoatl o planeta Venus. Su nombre significa «serpiente emplumada». Piedra. Alt.: 61 cm. Postclásico Temprano. Cat. 15-199.

43 Lápida con el relieve de un jaguar danzando. Piedra. Alt.: 126 cm. Postclásico Temprano. Cat. 15-103.

MEXICA

En tanto que permanezca el mundo
No acabará la fama y la gloria
De México-Tenochtitlán.

(MEMORIAS DE CULHUACÁN)

Esta sala, ubicada al frente del gran patio del Museo, es la de mayores proporciones y fue concebida para hacer resaltar la cultura de los mexicas o aztecas, los cuales fundaron Tenochtitlán en 1325 D. J., hoy Ciudad de México.

Los mexicas o aztecas fueron gentes conocidas originalmente como «chichimecas», por los hábitos nomádicos que poseían. Emigraron de un legendario lugar llamado Aztlán o lugar de garzas —que podría localizarse en el bajío de Guanajuato—, hasta alcanzar la cuenca de México. Durante su migración pasaron por Tula, en donde la cultura tolteca había llegado a su fin, y después penetraron y se asentaron en otros sitios del valle de México, hasta llegar a las inmediaciones de Chapultepec.

Los mexicas fueron subyugados primero por los señores de Culhuacán, un reino vecino integrado por toltecas; después conquistaron su libertad, y vagaron de un lugar a otro, hasta refugiarse en un islote del gran lago de México. Allí se cumplió la profecía de su dios Huitzilopochtli, pues en el islote vieron a un águila que devoraba a una serpiente. Fundaron en 1325 una modesta población, la cual con el tiempo se convirtió en la gran Tenochtitlán.

Por estos tiempos los mexicas quedaron bajo el dominio del señorío de Azcapotzalco; pero sus gobernantes, Acamapichtli, Huitzilihuitl y Chimalpopoca (1376-1427) iniciaron el desarrollo de la ciudad, establecieron la división de los barrios o calpullis y organizaron la sociedad. Itzcoatl, gran gobernante y conquistador (1427-1440) los liberó del yugo de Azcapotzalco, con ayuda de Netzahualcoyotl, señor de Texcoco. A partir de aquí los mexicas lograron su máxima expansión y esplendor, especialmente bajo los reinados de Moctezuma Ilhuicamina, Axayacatl, Tizoc y Ahuizotl; en tanto que Moctezuma Xocoyotzin mantuvo consolidado el imperio hasta la llegada de los conquistadores españoles en 1519.

Después de meses de tenaz resistencia, Tenochtitlán sucumbió al fin, tanto por la fuerza de las armas europeas como por la ayuda que algunos grupos prestaron a los españoles en un intento de liberarse del yugo mexica. Cuauhtémoc fue el último gobernante.

La sala se inicia con tres piezas de la cultura mexica: *Fig. 46* el gran Ocelocuauhxicalli o escultura en forma de jaguar, dentro del cual se depositaban los corazones de los sacrifica- *Fig. 60* dos; una cabeza del Caballero Aguila que simboliza a las *Fig. 47* órdenes militares; y el Teocalli de la Guerra Sagrada, acto instituido para la obtención de víctimas para el sacrificio. Son piezas representativas del carácter de la sociedad mexica.

A continuación se muestran los antecedentes de este grupo, especialmente el establecimiento de los chichimecas de Xólotl en Tenayuca, donde se inició el estilo arquitectónico de los Templos Gemelos que luego fue adoptado por los mexicas.

En la Tira de La Peregrinación, se consignan los lugares de la migración azteca, desde su salida de Aztlán hasta llegar a Chapultepec.

Se muestra mediante tableros, la extensión de la cultura mexica; la lengua que hablaban y su distribución geográfica; su relación con otras lenguas y otros aspectos similares; a la vez que se exhiben varias esculturas realistas y femeninas, con objeto de mostrar algo del tipo físico y la indumentaria.

Fig. 48 En esta sección está la llamada Piedra de Tizoc, monolito circular de 2,65 metros de diámetro, que conmemora las conquistas de ese gobernante; en ella pueden verse quince escenas compuestas cada una por dos personajes: el con-

78

quistador Tizoc y el señor del pueblo vencido, que siempre está sujeto de los cabellos, como símbolo de conquista. También se exhibe una réplica del llamado Penacho de Moctezuma, hecho con plumas preciosas de quetzal y cotinga, adornado con placas de oro.

Durante el apogeo de los mexicas la ciudad de Tenochtitlán alcanzó un verdadero adelanto. Se comunicaba con las riberas del lago por medio de anchas calzadas: la de Ixtapalapa al sur, la de Tepeyac al norte, y la de Tacuba al oeste. Una red de canales permitía el tránsito de las canoas, mientras que los peatones usaban calzadas y camellones o diques adosados a los edificios. Un albarradón o represa impedía que el agua salada de Texcoco se mezclara con el agua potable de los lagos de Xochimilco y Chalco; a la vez que un acueducto que venía de Chapultepec surtía de agua dulce a la ciudad, en donde también habían fuentes públicas, drenajes y otras obras urbanas importantes.

En el centro de la ciudad quedaba el recinto ceremonial, resguardado por una muralla o coatepantli, abierta solamente hacia las tres calzadas y decorada con grandes serpientes. En el interior del recinto se levantaba el Templo Mayor con sus templos gemelos dedicados a Tláloc y Huitzilopochtli; el Templo de Quetzalcoatl, de planta circular; el Juego de Pelota o Tlachtli; el Tzompantli o altar de las calaveras; el Temalacatl o altar donde se efectuaban los sacrificios gladiatorios, y otros templos y edificios.

Alrededor del recinto ceremonial estaban los palacios o casas de los nobles y funcionarios, por lo general hechos de mampostería y rodeados de huertas y jardines, también se levantaban edificios como el Tlacochcalli o arsenal, el Cuicacalli o casa de los cantos, el Calmecac o escuela para los hijos de los nobles, y el Telpochcalli o colegio para los hijos de los plebeyos. Todos ellos formaban un grandioso conjunto urbano, el cual fue admiración de los mismos españoles. En la sala se muestra Tenochtitlán por medio de una gran maqueta y un mural a colores.

En otra parte de la sala se destaca la economía de este grupo, la cual se basaba en la agricultura, caza, pesca y recolección; aunque fue la guerra, la imposición de tributos y el comercio los que hicieron posible el sostenimiento de una población siempre en aumento.

Gracias a la poca profundidad del lago, lograron construir las chinampas, a base de estacas y relleno del mismo lodo del fondo; de esta manera obtenían una porción de tierra donde vivir, así como un excelente campo para la siembra de autoconsumo.

Los tributos proporcionaban a Tenochtitlán materias primas, alimentos y artículos manufacturados, los cuales provenían de cientos de lugares conquistados: plumas preciosas, oro, turquesa, pieles, copal, tabaco, miel, jade, sal, escudos, flechas, cacao y muchos más. Por medio del comercio adquirían productos de lujo, de carácter exótico y altamente apreciados por los gobernantes y nobles. A Tenochtitlán llegaban frutas y animales de las tierras calientes, pieles de jaguar y de venado, plumas de quetzal de los altos de Guatemala y Chiapas, cacao del Soconusco, oro y plata de centroamérica, jades de Guerrero y del Usumacinta, telas tejidas de la Huasteca, liquidámbar, etc.; la mayoría de ellos traídos por los mercaderes o pochtecas y vendidos o intercambiados en los grandes mercados de la ciudad.

En la sala se exhibe un diorama del mercado de Tlatelolco, uno de los más importantes de aquellos tiempos, aunque también los hubo en Azcapotzalco, Tacuba y Tenochtitlán. En los mercados o «tianguis» había jueces y funcionarios que se encargaban de cuidar el orden, fijar los precios, atender las quejas y evitar los robos. Los vendedores ocupaban lugares fijos y exponían sus mercaderías en hileras de puestos a manera de calles. Allí se intercambiaban frutas, guajolotes, iguanas, peces, ranas, perros cebados, papel, copal, madera, miel, pulque, cerámica, pieles, plantas medicinales, telas, comidas y bebidas preparadas, joyas, mantas y cientos de artículos más. Como moneda utilizaban oro en polvo, granos de cacao, hachuelas de cobre, conchas, plumas preciosas y otros objetos que se consideraban igualmente valiosos.

En otra sección de la sala se muestran algunos aspectos de la sociedad mexica, con reproducciones tomadas de los Códices Florentino y Mendocino; el nacimiento, la educación familiar, el matrimonio y la muerte.

En la organización social y política de los mexicas había un Consejo de Estado formado por nobles e individuos de la familia reinante; luego seguía el Tlacatecuhtli o Tlatoani, el cual era el señor principal, militar de primer orden y jefe político del imperio; a éste le seguía el Cihuacoatl, o general de las fuerzas militares, a veces con el cargo de sacerdote mayor. Por debajo de ellos estaban los pillis o nobles, los cuales tenían deberes administrativos y desempeñaban los cargos de jueces, magistrados, sacerdotes, comerciantes, caciques de pueblos, etc.; en el último lugar quedaban los macehuales o plebeyos que se dedicaban a las artesanías; los mayeques o gentes del pueblo conquistado, en calidad de siervos; y los tamemes que eran esclavos.

La sala se continúa con una sección dedicada a la religión, la cual fue politeísta y se integró tanto con dioses locales como con deidades adoptadas de los pueblos conquistados. Así en el panteón mexica sobresalen los dioses Huitzilopochtli o señor de la guerra, Tezcatlipoca o deidad de la noche, Huehueteotl o dios del fuego, Tlazolteotl o diosa de la fecundidad, Xipe o dios de la primavera, Xochipilli o deidad de las flores y el canto, Macuilxochitl o dios de los juegos, Coatlicue o madre de los dioses y deidad de la tierra, Mictlantecuhtli o dios de la muerte, Tonatiuh o dios solar, y muchos más.

Estos dioses tenían atributos precisos, gobernaban o presidían regiones especiales del universo, tenían colores distintivos y números simbólicos, se asociaban a los puntos cardinales y a los varios cielos. En su honor se celebraban grandes festividades en fechas fijas de acuerdo con el calendario religioso, con acompañamiento de sacrificios, música, danzas, juegos y otros entretenimientos.

81

En la sección se exhiben los dioses de la agricultura, entre ellos a Tláloc o dios de la lluvia y a Xilonen, diosa del maíz; al dios del Viento o Ehecatl, con su máscara bucal en forma de pico de pato; a Quetzalcoatl relacionado con el planeta Venus; a Tonatiuh o dios solar. Se muestran réplicas de los cuchillos para el sacrificio, decorados con mosaico de concha y turquesa; la piedra donde se acostaba la víctima para el sacrificio y las cajas de piedra o cuauhxicallis en donde se depositaba el corazón de los sacrificados.

De manera especial se exhibe la escultura de la diosa

Fig. 54 Coatlicue, la de la falda de serpientes y madre de los dioses y de los hombres. Su aspecto es el de una mujer decapitada, de cuyo cuello salen dos grandes cabezas de serpiente. Lleva un collar con corazones humanos, dos manos con las palmas de frente y una calavera con los ojos casi vivientes. Su enagua o falda está formada por varias serpientes que entrelazan sus cuerpos a manera de retícula romboidal; lleva también un cinturón en forma de dos serpientes anudadas al frente; en lugar de manos tiene dos serpientes que semejan enormes garras, y sus pies son como garras de águila que clavan sus uñas en la tierra.

Esta asombrosa escultura es como el compendio de la esencia religiosa del pueblo mexica, pues Coatlicue era la diosa del nacimiento y de la muerte, la que daba y quitaba la vida, la que encarnaba la dualidad del ser humano; por ello las dos grandes cabezas de serpientes que salen de su cuello, una frente a la otra, simbolizan el concepto de dualidad. El collar simboliza la vida y la muerte por el sacrificio, es decir, el dar y quitar la existencia como ofrenda a los dioses para que conserven el orden del universo. Su enagua simboliza a la tierra; y sus garras o pies penetran al mundo de los muertos, por lo cual debajo de su base está un relieve de Tlaltecuhtli, dios que tenía relación con la muerte, la tierra y el agua.

Fig. 45 Puede verse también la escultura de la diosa Coyolxauhqui o deidad lunar, decapitada por su hermano el Sol, quien en su lucha diaria siempre sale triunfante por las mañanas.

82

La diosa está representada con el pelo cubierto de bolas de plumón, lleva en las mejillas cascabeles de oro que le dan el nombre, luce orejeras y nariguera solares y tiene los ojos entreabiertos, como moribunda.

A continuación se observan dos monumentales braseros de barro que proceden de Tlatelolco, los cuales se ponían en lo alto de los basamentos y frente a los templos para quemar el copal. Además dos portaestandartes o esculturas de piedra, en *cf. Fig. 40* los que se colocaban las banderas o insignias que indicaban el mes y las festividades a determinado dios.

Sobre una plataforma de mármol está la Piedra del Sol, *Fig. 50* conocida comúnmente como Calendario Azteca. Esta escultura en forma circular es un monumento votivo al Sol. Al centro aparece el rostro de Tonatiuh rodeado del símbolo Nahui Ollin (4 movimiento), y en su interior las representaciones de los cuatro soles o mundos cosmogónicos anteriores a la humanidad mexica que fueron: Nahui Ehecatl (4 viento), Nahui Ocelotl (4 tigre), Nahui Atl (4 agua) y Nahui Quiahuitl (4 lluvia de fuego). Lo anterior está circundado por una banda en la que aparecen los jeroglíficos de los veinte días que formaban el mes indígena. Otras bandas tienen representaciones de rayos solares, piedras preciosas, símbolos de sangre, flores y elementos relacionados con el culto solar, lo mismo que dos serpientes de fuego que indican el orden cíclico y cósmico.

También se exhibe la gran escultura de la Xiuhcoatl o ser- *Fig. 49* piente de fuego, con su cabeza coronada de estrellas, la cual conducía al Sol en su trayecto por la bóveda celeste. Otra serie de esculturas relacionadas con la muerte, entre ellas las Cihuateteos o diosas patronas de las mujeres que morían en el parto, un altar adornado con calaveras o tzompantli; y otras más sobre el mismo tema.

La religión y los conocimientos de la época estaban en manos de la casta sacerdotal jerarquizada: había sacerdotes encargados de los cultos y ceremonias, de las fiestas, de los casamientos y bautizos, de predecir el futuro de los recién nacidos, de los sacrificios y de enseñar y hacer progresar los conocimientos matemáticos y calendáricos, las observaciones astronómicas, la astrología, la botánica y medicina herbolaria, la escritura jeroglífica, la literatura y poesía, arquitectura, manufactura de códices y muchas otras artes.

En el terreno de las artes los mexicas imprimieron su estilo en la elaboración de códices pintados sobre cuero o en papel de maguey, los cuales contienen datos religiosos, calendáricos, históricos, geográficos y a veces genealógicos. Desarrollaron *Fig. 59* la plumaria; labraron la madera y materiales duros como la *Fig. 52* obsidiana, cristal de roca y alabastro, a la vez que modelaron figurillas y vasijas de barro, esculpieron asombrosas escultu-*Fig. 51* ras en forma de deidades y animales.

Fig. 57 Una vitrina muestra algunas piezas de la escultura menor, entre ellas máscaras de obsidiana, cajas de piedra con pintura al fresco, figuras de dioses y de animales. En otra se exhiben los productos de alfarería mexica, principalmente la cerámica de color negro sobre anaranjado, negro sobre guinda, poli-*Fig. 53* cromada en colores negro, rojo, blanco y amarillo. Podemos ver la cerámica mixteca —con motivos semejantes a los de los códices—, que fue adoptada por este grupo.

En otras vitrinas se exhiben algunos instrumentos musica-*Fig. 58* les, como tambores de madera con lengüeta o teponaxtles bellamente labrados: ocarinas, caracoles, flautas, caparazones de tortuga, lo mismo que algunos ejemplos de la joyería, del ⁶ trabajo en obsidiana, de la plumaria y de otras artes menores.

Fig. 55 El visitante verá después la escultura del dios Xochipilli, príncipe de las flores y del canto, del amor y la poesía, ataviado con una máscara sobre el rostro, y sentado sobre un trono de piedra decorado con flores y chalchihuites. Cerca de él está el dios Macuilxochitl o 5 flor, patrono de los juegos, representado como un hombre que sale del caparazón de una *Fig. 56* tortuga, y el tambor de Malinalco, tallado en madera, y decorado con bajo relieves en los que destaca un águila y otros elementos decorativos.

45   La Luna o Coyolxauhqui, deidad decapitada por su hermano el
Sol. Piedra. Alt.: 72 cm. Postclásico Tardío. Cat. 11-3330.

46 (izquierda, arriba)
Ocelocuauhxicalli,
recipiente en forma
de jaguar.
Piedra. Alt.: 93 cm.
Postclásico Tardío.
Cat. 11-3225.

47 (centro, arriba) El
«Teocalli de la Guerra
Sagrada». Piedra.
Alt.: 123 cm
Cat. 11-3224.

48 (derecha, arriba)
Detalle de la «Piedra de
Tizoc». Piedra.
Alt.: 93 cm. Post-
clásico Tardío.
Cat. 11-3425.

49 (izda.) Xiuhcoalt
o serpiente de fuego.
Piedra. Alt.: 215 cm.
Postclásico Tardío.
Cat. 11-3295.

Piedra del Sol o Calendario Azteca con jeroglíficos
de los días, meses y soles o eras cosmogónicas.
Piedra. Diámetro: 360 cm.
Postclásico Tardío.
Cat. 11-3290.

51　Escultura en for-
ma de chapulín
o saltamontes.
Piedra. Long.: 48 cm.
Postclásico Tardío.
Cat. 11-2767.

52　Vaso en forma
de mono.
Obsidiana.
Alt.: 14 cm.
Postclásico Tardío.
Cat. 11-3291.

53 Jarra decorada en negro sobre rojo guinda. Barro. Alt.: 28 cm.
Postclásico Tardío. Cat. 11-2774.

55 El dios Xochipilli sentado en su trono. Deidad de la música, del canto y del amor. Piedra. Alt.: 77 cm. Postclásico Tardío. Cat. 11-3015.

56 Huehuetl o tambor musical, decorado con relieves de águilas. Madera. Malinalco, estado de México. Alt.: 88 cm. Postclásico Tardío. Cat. 11-3426.

54 (*izquierda*) Coatlicue o «la de la falda de serpientes», diosa de la tierra y creadora de los hombres, patrona de la vida y la muerte. Piedra. Alt.: 257 cm. Postclásico Tardío. Cat. 11-3729.

57 Escultura representando una calabaza. Piedra. Long.: 31 cm. Postclásico Tardío. Cat. 11-2765.

58 Teponaxtle o tambor horizontal, decorado con figura humana en relieve. Madera. Alt.: 15 cm. Postclásico Tardío. Cat. 11-2606.

9 Mujer joven. Madera. Alt.: 50 cm. Postclásico Tardío. Cat. 11-2916.

60 «Caballero Aguila». Piedra. Alt.: 31 cm. Postclásico Tardío. Cat. 11-2?

LAS CULTURAS DE OAXACA

A diferencia de las otras salas, dedicadas a culturas particulares del Altiplano Central, ésta se concibió para mostrar el desarrollo cultural de la región oaxaqueña. Se dividió en dos partes, con objeto de exhibir separadamente los materiales de los zapotecas y mixtecas, cuyos descendientes subsisten todavía.

En los valles centrales del estado de Oaxaca, especialmente en Etla, Tlacolula y Zimatlán, tuvo lugar el auge de la cultura zapoteca. Los mixtecas se desarrollaron en las altas sierras o «país de las nubes», que es lo que significa ese nombre en lengua nahuatl o mexicana.

La sala se inicia con un arreglo museográfico que trata de mostrar dos de los aspectos más característicos de esas culturas, como lo fueron la elaboración de urnas de barro con representación de dioses, típica de los zapotecas, —en este caso una representación de la diosa 13 Serpiente—, y la decoración de las paredes de los edificios con mosaico de piedra de los mixtecas.

Un mapa del estado de Oaxaca, muestra la topografía en donde se desarrollaron esas dos culturas; en él se señalan numerosos sitios arqueológicos, que fueron ocupados por esos grupos.

En pequeñas vitrinas se plantea la evolución cultural de los zapotecas, representada por una efigie del dios de la lluvia característica de cada período. Luego se pasa a la exhibición pormenorizada de la cerámica, fase por fase, tal como la han establecido los estudios arqueológicos.

Al respecto cabe mencionar que el origen de los zapotecas está ligado a la cultura olmeca de la costa del Golfo, y también a los grupos sureños de Chiapas o proto-mayas. Tal vez por ello en las fuentes históricas se decían descender de leones y tigres, pues el jaguar fue el animal predilecto de los olmecas, su deidad y totem.

De acuerdo con las evidencias arqueológicas, hacia 900 A. J. los olmecas de la costa del Golfo comenzaron a dispersarse por el istmo de Tehuantepec, ocuparon lugares como Juchitán y Laguna Zope, al mismo tiempo que se fueron infiltrando hacia sitios como Puerto Angel, Huamelulpan y Monte Albán; de modo que estas primeras manifestaciones culturales tienen una gran influencia olmeca, como se puede observar en el llamado edificio de Los Danzantes, en los jeroglíficos, cerámica y otras manifestaciones artísticas.

En una gran vitrina se exhibe la cerámica del período Monte Albán I (900-300 A. J.), la cual se caracterizaba por la monocromía, las vasijas son negras, blancas y grises fundamentalmente; entre ellas predominan los recipientes con representaciones de nadadores y efigies humanas o de animales con rasgos olmecas, muchas veces con vertedera sencilla, lo mismo que patojos, platos, botellones, braseros con caras típicamente olmecas, y vasijas miniatura con representaciones de peces, ranas, caracoles y otras especies animales.

Fig. 63
Fig. 62

A continuación puede verse la reproducción de una parte del muro del edificio de Los Danzantes de Monte Albán, lo mismo que una lápida original de ese lugar, con objeto de mostrar el inicio de la arquitectura en ese centro así como la influencia olmeca. Este edificio o basamento de dos cuerpos estaba revestido con una serie de grandes lápidas, colocadas en sentido vertical y horizontal, las primeras con figuras esgrafiadas en actitudes dinámicas y las segundas con representaciones de nadadores. Por parecer que en conjunto los personajes ejecutan alguna danza, se le dio ese nombre al edificio.

En la mayoría de esas lápidas se observan jeroglíficos y numerales, lo que hace suponer que desde esas fechas ya tenían un calendario desarrollado y conocimientos matemáticos.

Se muestran algunas costumbres de ese grupo, como lo era el rapado de la cabeza, el uso de mechones de pelo, escasa indumentaria o desnudez, la práctica del tatuaje o escarificación, y el uso de orejeras y otros ornamentos.

Luego sigue otra vitrina con la alfarería del período Monte Albán II (300-100 A. J.), la cual se caracteriza por la introducción de ciertas influencias sureñas en la cerámica, como son los soportes mamiformes, las molduras labiales y basales, la decoración al fresco, la pintura negativa, los soportes carrete y las vasijas tetrápodas, que se ven frecuentemente en varios sitios de la región maya; también se inician las urnas propiamente dichas, y varios tipos cerámicos con nuevas formas. Aquí sobresalen las cajas con tapas y decoración incisa y pintada, un soporte carrete en forma de columna vertebral y la maqueta de un templo con pilastras, en *Fig. 65* cuyo centro se encuentra un guacamayo, símbolo del sol.

En Monte Albán, durante este período se construyó el «Montículo J», el cual estaba dedicado a las observaciones astronómicas y decorado con lápidas que recuerdan a las del edificio de Los Danzantes. Se desarrolla la arquitectura funeraria, pues hay tumbas con antecámaras y techos abovedados. En su interior se colocaba a los muertos con acompañamiento de ofrendas, especialmente urnas de barro con representación de deidades.

En esta época se representa al dios Cocijo o de la lluvia, a Huehueteotl o del fuego, a un dios con máscara de pájaro sobre el rostro, y a un dios Murciélago relacionado con la *Fig. 61* muerte; este último, bellamente representado por una máscara de jade, compuesta de varias piezas unidas a modo de mosaico por medio de cordeles, revela la gran maestría técnica alcanzada.

De manera preferente se exhiben otras piezas como ejemplo de la escultura en barro, entre ellas un enorme jaguar con collar decorado con pintura al fresco, la urna de una *Fig. 64* deidad que lleva una especie de casco en forma de ave de pico ancho, etc.

97

El siguiente período de Monte Albán es una etapa tran sicional a la cultura zapoteca propiamente dicha (100 A. J 200 D. J.), en él se observan algunas influencias de Teotihua cán en la cerámica: las vasijas tipo florero y candeleros ollas con vertedera doble unidas por un puente, sahumerio y urnas con representaciones del dios Tláloc. En vitrina especial, la cerámica del auge zapoteca, e decir, de los períodos Monte Albán IIIA y IIIB (200-800 D. J.) vasos en forma de garra de tigre o de murciélago, los cuenco sencillos y vasos con un panel de jeroglíficos, figuras de mu

Fig. 69 jeres con quechquemitl y enredo en la cabeza, urnas de diose

Fig. 66 y la urna de Xipe Totec, el cual lleva un bastón en una man

Fig. 68 y una cabeza humana en la otra.

A través de las urnas conocemos a los principales diose de los zapotecas, a Quetzalcoatl o dios del viento 'a Xipe dios de la primavera y de los joyeros, Xochipilli o deidad de

Fig. 67 las flores y del canto, la diosa 13 Serpiente, el dios Cocij o de la lluvia, los Acompañantes, y otros más. La religión er politeísta, existía una organización sacerdotal a cuya cabez estaba el sumo sacerdote o Huijatoo, ellos poseían los cono cimientos astronómicos, calendáricos y astrológicos, lo mism que la escritura jeroglífica y la medicina herbolaria.

En el aspecto de la arquitectura, durante esta etapa e centro de Monte Albán alcanza su máxima extensión, se nivela convenientemente la meseta para la edificación de múltiples estructuras, se construye el Juego de Pelota, lo basamentos para templos con tableros de doble escapulario los patios hundidos con altares al centro, edificios con colum nas y habitaciones de mampostería para la clase dirigente El pueblo vive en los terrenos vecinos, alojados en casa o chozas de materiales perecederos.

El culto a los muertos se vuelve más complejo, los gober nantes y sacerdotes eran enterrados en tumbas compuestas de escalera, antecámara y cámara funeraria, con nichos en la paredes interiores y urnas colocadas al frente de la fachada a veces tienen pinturas murales.

98

En la sala se ha hecho la reproducción de la Tumba 104 de Monte Albán, que muestra las características arquitectónicas apuntadas: tiene una fachada decorada con tablero al estilo de Monte Albán (de doble escapulario) y en la parte central hay un nicho con la urna del dios joven con tocado de Cocijo o señor de la lluvia. Dentro de la cámara —de planta rectangular y techo plano—, pueden verse las pinturas al fresco que decoraban sus paredes, sobresale la representación de un sacerdote con su bolsa de copal en la mano, relacionado con la deidad Xipe Totec; lo mismo que un gran pájaro amarillo y una serpiente con las fauces abiertas, ambos descansando sobre una especie de cajas. En la pared del fondo está la cabeza del dios con moño en el tocado y su jeroglífico «5 Turquesa»; en otra pared hay un personaje con tocado de serpiente de plumas y máscara serpentina, relacionado con Quetzalcoatl. Puede verse también el esqueleto del individuo enterrado en decúbito dorsal, con su ofrenda funeraria sobre el piso y los nichos, tal como se encontró en las exploraciones arqueológicas.

La cultura zapoteca declinó entre los años 800 y 1200 D. J., en una buena parte debido a las penetraciones de los mixtecas, quienes bajando de las montañas y sierras fueron conquistando a varios centros zapotecas como Yagul, Teotitlán y Monte Albán, a la vez que fueron fundando importantes señoríos, entre ellos Teozacoalco, Tilantongo, Coixtlahuaca, Yanhuitlán, Tututepec y Mitla, en los cuales floreció la cultura mixteca.

En la sección dedicada a esta cultura se exhiben primero algunas reproducciones de sus códices, los cuales se hacían en piel de venado, en forma de largas tiras dobladas como biombos, constituyen una de las principales características de este grupo, lo mismo que una tradición pictórica excepcional. Entre ellos pueden mencionarse a los códices Selden, Nuttall, Bodley, Vindobonensis y Colombino, los cuales contienen relación de sus genealogías, hechos históricos, temas calendáricos y religiosos, conquistas, etc.

El estilo artístico de los mixtecas se impuso en la decoración de muros de sus edificios, quienes agregando al tablero zapoteca de doble escapulario la decoración de mosaico de piedra, por lo regular en forma de grecas compuestas de varias piedrecillas cortadas y ensambladas perfectamente, las hay en Mitla, Teotitlán, Yagul y otros lugares.

En la sala se exhiben valiosos ejemplares de cerámica, principalmente vasijas polícromas de color brillante o mate, con motivos de grecas, flores, tibias humanas, calaveras, jeroglíficos y dioses, a semejanza de sus códices. Sobresalen las jarras con asas, los vasos y ollas trípodes, grandes tinajas para usos funerarios, sahumerios con mango, vasos con efigies de esqueletos que se relacionan con el dios de la muerte, copas y vasijas zoomorfas.

Fig. 72

Fig. 71

Otro aspecto en el que sobresalieron los mixtecas fue la metalurgia, en la cual utilizaron las técnicas del martillado, la soldadura, la fundición a la cera perdida, el dorado y la filigrana. Obtenían brazaletes laminados, discos repujados, orejeras, pectorales, narigueras, collares de cuentas, anillos, cascabeles, pendientes, mangos de abanico, agujas y muchas otras joyas, con una gran imaginación creadora.

En la sala se exhibe una reproducción parcial del contenido de la Tumba 7 de Monte Albán, en la cual se encontraron nueve esqueletos de individuos mixtecas, acompañados de una extraordinaria ofrenda funeraria. Entre los objetos pueden verse las delicadas joyas que acostumbraban a ponerse, como anillos con adornos colgantes, pectorales compuestos de varias piezas, brazaletes, collares, perlas y diversos objetos de hueso.

Fig. 74

En forma especial se exhibe también el famoso pectoral de Yanhuitlán, el cual tiene la forma de un escudo atravesado por un haz de flechas, trabajado en oro y con mosaico de turquesa; el pectoral de Zaachila con un gran cascabel, sobre el cual parece estar sentado un personaje, y otro extraordinario pectoral de Oaxaca, el cual muestra a la deidad Xiuhtecutli, relacionada con el fuego.

Los mixtecas tallaron admirablemente el ónix o alabastro, con el cual hacían vasos de elegantes formas; el cristal de roca, del cual obtenían cuentas de collares, bezotes y calaveras; el jade, que era transformado en placas o figuras esquematizadas conocidas como «penates»; también labraron la madera, de la cual obtenían máscaras recubiertas con mosaico de turquesa y concha, tambores musicales, lanzadardos con bellos bajo relieves, y mangos de cuchillos para el sacrificio. De todo ello se muestran ejemplares escogidos.

También labraron el hueso en forma de tabletas o plegaderas, con motivo calendáricos y religiosos en bajo relieve, equiparables a las miniaturas en marfil de otras culturas del Viejo Mundo.

En suma, los zapotecas fueron grandes alfareros, arquitectos, astrónomos y matemáticos, más sabios en el aspecto intelectual y con un sentido más religioso de la vida; mientras que los mixtecas fueron grandes pintores de códices, ceramistas, lapidarios y orfebres, cuyas obras reflejan un arte preciosista y una alta técnica.

61 (izda., arriba) Máscara
un dios Murciélago. Piedra.
Zapoteca. Alt.: 19 cm.
Protoclásico. Monte Albán
Cat. 6-4681.

62 (arriba) Brasero con
cara. Barro. Zapoteca. Alt.
17 cm. Preclásico Superior
Monte Albán I. Cat. 6-531

63 (izquierda) Vasija con
figura humana y vertedera.
Barro. Zapoteca. Alt.: 23 c
Preclásico Superior.
Monte Albán I. Cat. 6-29.

64 (derecha) Jaguar c
collar. Barro. Zapoteca. Al
85 cm. Protoclásico. Mo
Albán II. Cat. 6-60

103

65 (izquierda) Maqueta de un templo con columnas, en cuyo interior hay un guacamayo relacionado con el Sol. Barro. Zapoteca. Alt.: 34 cm. Protoclásico. Monte Albán II. Cat. 6-6001.

66 (derecha) Pareja de figur conocidas como «Xantile las cuales son tapas de brase con atributos de dioses. Bar Mixteca. Alto: 39 y 42 c Postclásico. Monte Albán I Cat. 7-1695, 7-16:

67 (derecha) Urna con la representación de una diosa. Barro. Zapoteca. Alt.: 25 cm. Clásico. Monte Albán III-A. Cat. 6-4846.

68 (derecha, centro) El dios Xipe Totec o «nuestro señor el desollado», patrón de la primavera y de los joyeros. Barro. Zapoteca. Alt.: 51 cm. Clásico. Monte Albán III-B. Cat. 6-6439

69 (extremo derecha) Figura de mujer con enredo en la cabeza, falda y quechquemitl. Barro. Zapoteca. Alt.: 34 cm. Clásico. Monte Albán III-B. Cat. 6-55.

104

70   Copa polícroma
con un colibrí en el
borde. Barro.
Mixteca. Alt.: 7 cm.
Postclásico. Monte
Albán V. Cat. 7-2342.

71   Vaso trípode con
la representación del
dios Mictlantecuhtli
o de la muerte.
Barro. Mixteca.
Alt.: 32 cm.
Postclásico. Monte
Albán V. Cat. 7-2345.

72   (derecha) Vaso
trípode polícromo
con decoración
estilo códice.
Barro. Mixteca.
Alt.: 15 cm.
Postclásico.
Monte Albán V.
Cat. 7-2337.

107

73 Vaso polícromo
en forma de
cabeza de venado.
Barro. Mixteca.
Alt.: 10 cm.
Postclásico.
Monte Albán V.
Cat. 7-2539.

74 Pectoral de
Zaachila, pectoral de
Yanhuitlán y pectoral
con figura del dios
Xiuhtecuhtli.
Metal. Mixteca.
Alt.: 10, 8 y 11 cm.
Postclásico. Monte
Albán V. Cat. 7-2687,
2685, 7-2313.

CULTURAS DE LA COSTA DEL GOLFO

En la región de la costa del Golfo, que se extiende desde el río Soto La Marina en Tamaulipas hasta el río Grijalva en Tabasco, se desarrolló la cultura de los olmecas, que vivieron en el sur de Veracruz y norte de Tabasco; las culturas de Remojadas y Totonacos que ocuparon el centro de Veracruz y los huastecos que se asentaron principalmente en el norte de Veracruz y Tamaulipas. Esta sala fue dividida en tres secciones, dedicadas a las culturas antes mencionadas.

A manera de introducción se exnibe la estela del castillo de Teayo, con la efigie del dios Quetzalcoatl con un bello pectoral de caracol cortado como símbolo del viento, ésta caracteriza a la cultura huasteca. Hay un fotomural de uno de los tableros que decoran el Juego de Pelota de El Tajín, para representar a las culturas del centro de Veracruz. La estatua del *Luchador olmeca* es un exponente de esa cultura. *Fig. 75*

Fig. 77

Al pasar a la sección destinada a la cultura olmeca se pueden observar varias esculturas de piedra, artesanía en la cual sobresalió este grupo: la estela de Alvarado, con la representación de un personaje de perfil, frente al cual hay un individuo sentado y con las manos amarradas, una lápida de Izapa, con una escena ceremonial, en la que aparece un jugador de pelota decapitado y frente a él está el sacrificador.

En vitrinas especiales se ven las extraordinarias representaciones humanas de los olmecas, tanto en barro como en piedra. Uno puede observar que estas gentes eran por lo general de baja estatura, con tendencia a la obesidad, de ojos oblicuos, nariz chata y boca de labios gruesos con las comisuras hacia abajo, lo cual les daba una apariencia de recién *Fig. 76* nacidos o ligeramente felina. Se observa también la deforma- *Fig. 81* ción craneal, el rapado de la cabeza y la mutilación dentaria.

109

Luego se exhiben algunos ejemplos de cerámica, de colo
ración principalmente negra, blanca o gris, con decoracione*
Fig. 78 variadas; hay platos, vasos de base plana, tecomates y vasija*
zoomorfas de gran belleza. A continuación se enfatiza el tra
bajo de la piedra, para lo cual utilizaron cinceles, martillos
punzones y taladros de piedras duras, como la serpentina y e*
cuarzo, lo mismo que el agua y la arena como abrasivos, para
obtener superficies extraordinariamente pulidas y brillantes

Los lapidarios olmecas obtuvieron delicados ornamentos
y objetos suntuarios, esculturas y figurillas, todos ellos traba
jados en piedras semipreciosas, especialmente de tonalidades
verdes. Fabricaban collares de cuentas, orejeras lisas o cor
motivos incisos, pectorales o placas para colgarse al cuello
pendientes en forma de colmillos de jaguar y espejos tallados
en magnetita que permiten aumentar la imagen.

Los olmecas fueron los primeros en tener conocimiento de
calendario, numeración y escritura jeroglífica, patentes er
algunos monumentos de La Venta, Tres Zapotes, Cerro de Las
Mesas y Monte Albán. Se exhibe aquí una réplica de la llama
da *Estatuilla de Tuxtla*, la cual representa a un hombre cor
máscara de pato, que lleva la fecha de 162 D. J., la estela «C»
de Tres Zapotes, Veracruz, tiene por un lado la fecha 31 A. J
y por el otro, un mascarón de jaguar en bajo relieve.

El arte de los olmecas se inspira en el jaguar, el cual fue
deidad relacionada con la lluvia y animal totémico, lo repre
Fig. 82 sentaban en hachas votivas, en máscaras y esculturas, en
placas, figurillas y otros objetos, como los que aquí se mues
Fig. 80 tran. Sobresalen desde luego una hacha con cara del dios ja
guar, una cabeza humana, procedente de Tenango del Valle,
algunas representaciones de individuos sordos y jorobados,
enanos o deformes, y delicadas figurillas en jade o serpentina
Fig. 79 Por último se exhiben algunas máscaras humanas de gran
belleza, hachas votivas como la de Simojovel, y la represen
Fig. 83 tación de una canoa en jade. La sección termina con la exhi
bición aislada de una caja monolítica de piedra con bajo
relieves, una lápida de La Venta, mostrando a un sacerdote

sentado sobre una serpiente de cascabel y una cabeza colosal *Fig. 84*
de Tres Zapotes, Veracruz, en el exterior de la sala.

En síntesis, la cultura olmeca nació y se desarrolló hacia
el sur de Veracruz y norte de Tabasco, dentro de un período
de tiempo que abarca cuando menos de 1500 a 0 de la era
cristiana. Por haber puesto las bases para el desarrollo de la
civilización se ha llamado la cultura madre de Mesoamérica.
Sus logros más salientes son el extraordinario trabajo de la
piedra, cuyas técnicas y estilo fueron motivo de inspiración
para otras culturas posteriores, lo mismo que la invención
del calendario, numeración y escritura jeroglífica.

La segunda sección está destinada a las culturas del centro de Veracruz, las cuales nacieron y se desarrollaron en
sitios como Alvarado, Nautla, Orizaba, Córdoba y Papaloapan.
Se exhiben materiales de los grupos de Remojadas, de Nopiloa, de Cerro de Las Mesas, Paso de Ovejas, El Tajín y otros
correspondientes a culturas del Preclásico y Clásico, así como
los de isla de Sacrificios, Zempoala, Quiahuiztlan, etc., que
corresponden a la cultura totonaca del Postclásico.

La sección se inicia con una bella escultura en barro que
representa el viejo dios del fuego, es decir, a Huehueteotl, *Fig. 85*
con un gran brasero sobre la cabeza. Luego siguen una serie
de vitrinas donde se observa primeramente el tipo físico y
la indumentaria. Por las figurillas podemos decir que las
gentes eran de estatura baja, de pelo lacio y de nariz aguileña, practicaban la deformación del cráneo, la mutilación de
los dientes y la escarificación en el pecho y los hombros, se
ennegrecían los dientes y se pintaban el pelo y las mejillas.

Otras figuras muestran el rapado de la cabeza, el uso de
trenzas y vistosos tocados, turbantes decorados con motivos
de garzas, volutas, monos y grecas, penachos, cascos de aves
descendentes o estilizadas y gorros cónicos, lo mismo que
prendas de vestir como el quechquemitl, faldillas, ceñidores,
huipiles, bragueros, sombreros y sandalias. La apariencia personal se realzaba por medio de collares, narigueras, orejeras,
brazaletes, bezotes y otros ornamentos.

También se exhiben algunos ejemplares de la alfarería *Fig. 86* del centro de Veracruz, entre ellos varias vasijas antropomorfas de la cultura Remojadas, que se caracteriza por el uso del chapopote como decoración. Un bello tecomate con la representación de un ciempiés pintado de rojo sobre naranja, una vasija con la efigie de un viejo, otra en forma de armadillo y muchas más procedentes de sitios diversos.

Fig. 87 Se muestran las bellas figurillas sonrientes, las figuras moldeadas de Nopiloa y Lirios, los juguetes con ruedas en forma de jaguarcillos o perros y representaciones de venados con pintura de chapopote, procedentes de Paso de Ovejas.

Algunos dioses explican la religión politeísta de esa zona; puede mencionarse a Tláloc, Xipe, Huehueteotl, Mictlante- *Fig. 88* cuhtli, Xilonen, Ehecatl, Xochiquetzal, Xochipilli, muchos de ellos introducidos en la época de las conquistas mexicas. Se adoró también a las fuerzas de la naturaleza, como el Sol, Luna, Viento, Fuego y Fertilidad y se celebraban grandes festividades a los dioses, en las que había danzas y música, pantomimas y juego de pelota.

Durante el Horizonte Preclásico los grupos vivían en aldeas rurales, alojados en chozas asentadas sobre plataformas; más tarde construyeron basamentos para templos, juegos de pelota, palacios, etc., los cuales constituían centros importantes de carácter ceremonial. En El Tajín sobresale la llamada pirámide de Los Nichos, la cual está compuesta de varios cuerpos formados con un talud y un tablero decorado con nichos; lo mismo que un Juego de Pelota, decorado con tableros esculpidos en bajo relieve, en los que se representan escenas relacionadas con ese deporte. Estos aspectos se muestran por medio de la maqueta del centro ceremonial de El Tajín.

A continuación se exhiben ejemplares escogidos de la escultura y lapidaria de esa zona: la lápida de Huilocintla, la cual muestra a un sacerdote bellamente tatuado que se atra- *Fig. 90* viesa la lengua con una vara, es decir, está autosacrificándose; la lápida de Tepetlaxco, en la que se ve a un jugador de pe-

Fig. 89

ota, ataviado con un ancho cinturón protector del vientre,
on rodilleras y otras prendas necesarias para el juego.

En relación con el juego de la pelota están los bellos «yu-
,os» labrados en piedra, los cuales eran réplicas funerarias de
os cinturones protectores; las «palmas» labradas también en
iedra, que parecen haber sido representaciones de una espe-
ie de peto que se colocaban al frente del pecho, y que se
ujetaba con el cinturón y las «hachas votivas», generalmente
n forma de cabezas humanas o de animales, las cuales se
elacionan tal vez con la decapitación de los jugadores que
erdían. Aquí se muestran: un yugo en forma de rana o   *Fig. 92*
elino y otro en forma de lechuza; una palma antropomorfa,   *Fig. 91*
tra en forma de caimán y una más en forma de dos manos
untas; lo mismo que varias hachas, una de ellas mostrando
na cabeza humana con tocado de delfín.   *Fig. 94*

Por los finales del Horizonte Clásico comenzaron a llegar
os totonacos, los cuales se fueron extendiendo desde la sierra
e Puebla hasta la costa del Golfo, ocupando sitios como Pa-
antla, Misantla, isla de Sacrificios, Quiahuiztlan, Zempoala,
erro Montoso, hasta la llegada de los españoles.

De este grupo se exhiben varias piezas cerámicas, pinta-
as de rojo y café sobre crema o naranja con paneles de dioses
jeroglíficos dibujados. Se muestran algunos vasos tallados
n alabastro, representando monos y otros animales, ejecu-   *Fig. 93*
ados con gran precisión y maestría.

En la maqueta del centro ceremonial de Zempoala, desta-
an los edificios conocidos como el Templo Mayor, el Templo
e las Chimeneas, el Templo de Quetzalcoatl y otras estruc-
uras menores, todas ellas con escalinatas limitadas por al-
ardas y cambio de pendiente para formar un dado.

En resumen, las tempranas culturas del centro de Vera-
ruz se caracterizaron por sus figurillas de barro pintadas
on chapopote, por sus figuras sonrientes, yugos, palmas y
achas talladas en piedra; mientras que en el Postclásico flo-
ecieron los totonacos, quienes entraron en contacto con los
spañoles en 1519.

113

La última sección de esta sala está dedicada a la cultur huasteca, la cual se extendió desde el río Soto La Marina e Tamaulipas hasta el río Cazones en Veracruz, con penetra ciones en San Luis Potosí y Querétaro.

Se exhibe en primer lugar la escultura conocida como *Adolescente huasteco,* encontrada en un rancho llamado F Consuelo, perteneciente a El Tamuín, San Luis Potosí. Repr senta a un joven sacerdote de la deidad Quetzalcoatl, o ta vez al mismo dios, pues lleva a la espalda, en forma de niñe el símbolo del Sol. Su cuerpo está bellamente tatuado co flores, hojas de maíz, soles, cabezas de lagarto y otros signo o jeroglíficos. Lleva orejeras, y en su mano derecha deja u hueco, tal vez para colocarle ofrendas.

A continuación pueden verse algunas figurillas huasteca las cuales nos indican que las gentes eran bien proporciona das, de frente ancha y cabezas deformadas; con gruesas pie nas y cinturas estrechas. Usaban poca ropa, se pintaban cabello y el cuerpo, se rapaban la cabeza o se dejaban mechc nes de pelo, se tatuaban y usaban narigueras y orejeras.

Sahagún nos dice que los huastecos eran individuos d cabezas chatas, con las narices agujereadas para colgarse n rigueras tubulares, en cuyos extremos colocaban plumas, añs de que se limaban y aguzaban los dientes o se los teñían d negro, que el cabello se lo pintaban de amarillo y rojo y tan bién que se ponían resplandores de plumas en la cabezs plumajes redondos a la espalda, medias calzas de plumas e las piernas y brazaletes.

Los huastecos fueron buenos alfareros, modelaron vasija efigie con vertedera, vasijas en forma de canasta con asa d cinta, ollas antropomorfas y recipientes zoomorfos y fitomo fos, todas ellas de color crema o blanco, con decoración pir tada en colores rojo guinda, negro, naranja y café oscuro.

Sobresalieron en el tallado de la concha y del caracol ms rino, con los cuales hacían anillos, orejeras, pectorales corta dos en espiral, bellos bajo relieves, cuentas para collares e forma de calaveras, placas para coser a los vestidos y muchc

Figs. 95, 96

Fig. 97

Fig. 98
cf. Fig. 57
Figs. 99, 100

Fig. 101

114

objetos más. Tallaron también el hueso, la madera, obsidiana, jade y otros materiales semipreciosos.

Sus esculturas revelan un estilo artístico propio y nos proporcionan datos de su religión, casi todas representan deidades: Quetzalcoatl y Tlazolteolt como los más importantes; después Xilonen, Xipe, Tláloc, Mictlantecuhtli, Xochiquetzal. A Quetzalcoatl se le presenta con un gorro cónico, orejera en forma de gancho y pectoral de caracol cortado. Tlazolteotl lleva una venda de algodón sin hilar, un huso y malacate, una mancha negra en la boca y nariguera tubular. *Fig. 102*

Estas dos deidades se incorporaron al panteón mexica, quienes las reverenciaron de manera singular, especialmente a Tlazolteotl. Las fuentes históricas nos dicen que se celebraba la fiesta de esta diosa en el mes Ochpaniztli, época de las cosechas, con la intervención de sirvientes huastecos que llevaban grandes signos fálicos y cargaban a la deidad.

Una escultura procedente de Ajalpan, representa a un hombre joven vestido con braguero-delantal; otras al dios Mictlantecuhtli o señor de la muerte; a la diosa Xilonen o del maíz tierno, ataviada con quechquemitl y tocado de moño de papel, decorado con mazorcas. Una escultura masculina lleva gorro cónico y turbante decorado con calavera. Predominan las representaciones de una deidad femenina terrestre, con los brazos sobre el pecho y un tocado o resplandor por detrás de la cabeza, lo mismo que esculturas masculinas, con gorros cónicos, mostrando por un frente el tema de la vida y por el otro la muerte.

En resumen, los huastecos fueron buenos escultores y lapidarios, trabajaron delicadamente la concha y el caracol marino, construyeron edificios circulares sobre montículos o basamentos de tierra, desarrollaron una bella alfarería polícroma y tuvieron fama de magos o ilusionistas así como de excelentes tejedores de mantas, telas y otras prendas. Hoy, los huastecos siguen conservando algunas costumbres, creencias y el idioma, cuyos orígenes se remontan a tiempos prehispánicos.

115

75 (*izquierda*) Estela con la representación del dios Quetzalcoatl, señor del viento. Lleva pectoral de caracol cortado y gorro cónico. Piedra. Huasteca. Alt.: 307 cm. Postclásico Temprano. Cat. 3-587.

76 (*derecha*) Figurilla con rasgos de niño, tipo *baby face*. Barro. Olmeca. Alt.: 18 cm. Preclásico Medio. Cat. 13-621.

77 (*abajo*) Escultura conocida como el «luchador olmeca» Piedra. Alt.: 66 cm. Protoclásico. Cat. 13-659.

78 Vasija en forma
de florero, con
diseños en relieve.
Barro. Olmeca.
Alt.: 20 cm.
Preclásico Superior.
Cat. 4-1007.

79 Máscara con boca
felina o de recién
nacido. Piedra.
Olmeca. Alt.: 10 cm.
Preclásico Superior.
Cat. 13-533.

118

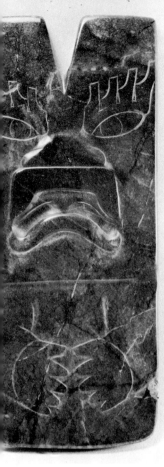

80 Hacha ceremonial con representación de una deidad niño-jaguar relacionada con la lluvia. Piedra. Olmeca. Alt.: 22 cm. Preclásico Superior. Cat. 13-420.

81 Cabeza mostrando la deformación craneal, con boca de jaguar. Piedra. Olmeca. Alt.: 19 cm. Protoclásico. Cat. 1-3331.

82　Individuo relacionado con el culto al jaguar. Tiene la cabeza deformada y rapada. Piedra. Olmeca. Alt.: 18 cm. Preclásico Superior. Cat. 13-456.

84　(derecha) Cabeza colosal de Tres Zapotes. Está deformada, rapada y lleva turbante en la frente. Piedra. Olmeca. Alt.: 227 cm. Preclásico Superior. Cat. 13-419.

83　Representación de una canoa con diseños incisos. Piedra. Olmeca. Long.: 20 cm. Preclásico Superior. Cat. 13-428.

85 Representación de Huehueteotl, dios viejo del fuego, con brasero sobre la cabeza. Barro. Centro de Veracruz. Alt.: 84 cm. Clásico. Cat. 4-1887.

86 Vasija antropomorfa, con vertedera y pintura de chapopote. Barro. Centro de Veracruz. Alt.: 27 cm. Preclásico Medio. Cat. 4-1090.

87 (*derecha, arriba*) Figurilla sonriente. Barro. Centro de Veracruz. Alt.: 28 cm. Clásico. Cat. 4-998.

88 (*extremo derecha, arriba*) Figurilla representando al dios Mictlantecuhtli o de la muerte. Barro. Centro de Veracruz. Alt.: 26 cm. Clásico Tardío. Cat. 4-1831.

89 (*derecha*) Vasija decorada con un ciempiés. Barro. Centro de Veracruz. Alt.: 15 cm. Clásico Tardío. Cat. 4-1002.

122

90 (*izquierda*) Lápida
con la representación
de un sacerdote
autosacrificándose.
Se relaciona con el dios
Quetzalcoatl. Piedra.
Influencia huasteca.
Alt.: 200 cm. Clásico
Tardío. Cat. 4-1889.

91 Palma con figura
humana de perfil. Piedra.
Centro de Veracruz.
Alt.: 58 cm. Clásico.
Cat. 4-984.

92 Yugo con figura del
monstruo terrestre
y de la muerte. Piedra.
Centro de Veracruz.
Long.: 41 cm. Clásico.
Cat. 4-988.

94 Hacha votiva en forma
de cabeza humana con tocado de
delfín. Piedra.
Centro de Veracruz. Alt.: 28 cm.
Clásico. Cat. 4-1066.

95, 96 (*izquierda*) Vista anterior
y posterior del «Adolescente
huasteco». Al parecer, es un
joven sacerdote de la deidad
Quetzalcoatl. Piedra. Huasteca.
Alt.: 117 cm. Clásico Tardío.
Cat. 3-588.

97 Mujer con turbante. Barro.
Huasteca. Alt.: 33 cm. Clásico.
Cat. 3-531.

98 Vasija polícroma con efigie humana y vertedera. Barro. Huasteca. Alt.: 29 cm. Postclásico. Cat. 4-1926.

99 (*derecha, arriba*) Vasija antropomorfa con vertedera. Barro. Huasteca. Alt.: 20 cm. Postclásico. Cat. 3-402.

100 (*derecha*) Vasija en forma de mono. Barro. Huasteca. Alt.: 18 cm.
Postclásico. Cat. 3-541.

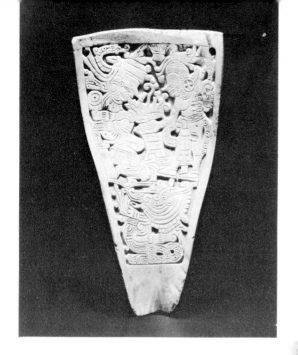

101 Pectoral con personajes
en relieve y una serpiente
emplumada. Concha. Huasteca.
Alt.: 16 cm. Postclásico.
Cat. 3-391.

102 Deidad con gorro cónico
y orejeras de gancho. Piedra.
Huasteca. Alt.: 140 cm.
Postclásico. Cat. 3-590.

MAYA

Que no caigan en la bajada
ni en la subida del camino,
Que no encuentren obstáculos
ni detrás ni delante de ellos,
ni cosa que los golpee,
Concédeles buenos caminos,
Hermosos caminos planos.

POPOL VUH

El territorio ocupado por los mayas se extendió desde el río Grijalva en Tabasco, hasta el valle del Ulua en Honduras y río Lempa en El Salvador; o sea que abarca parte de Tabasco, de Honduras y del Salvador, además de Chiapas, Guatemala, Yucatán, Quintana Roo y Belice.

Desde el punto de vista fisiográfico y ecológico la región maya puede ser dividida en tres grandes zonas: la zona norte o de llanura semiárida, que abarca principalmente la península de Yucatán, la región milpera de Campeche y parte de Quintana Roo, en la que sobresalieron ciudades como Uxmal, Chichén Itzá, Kabáh, Labná, Mayapán, Edzná, Hochob, Cobá y Tulum. La zona central o de bosque tropical húmedo, surcada por numerosos ríos, que se extiende de Tabasco hasta Honduras, en la que florecieron centros ceremoniales como Palenque, Bonampak, Yaxchilán, Calakmul, Uaxactún, Tikal y Piedras Negras. La zona sur que comprende las tierras altas y montañosas de Chiapas y Guatemala fundamentalmente, en la que prosperaron sitios como Chinkultic, Toniná, Kaminaljuyú, Chamá, Nebaj y Zaculeu.

A continuación, por medio de fotografías en color, se enfatiza el paisaje natural en que habitaron los mayas, es decir, las llanuras o tierras bajas, la selva, los ríos caudalosos y la montaña; a la vez que se presenta un corte geológico ideal, desde las tierras altas hasta la planicie costera.

Por medio de fotografías, estelas y figurillas de Jaina, se informa del tipo físico de los mayas así como algunas costumbres practicadas por ese grupo, con objeto de embellecerse o distinguirse de otros: la deformación del cráneo, la mutilación dentaria, el tatuaje o escarificación, la pintura corporal, el estrabismo intencional. También se mencionan otros rasgos de los mayas, que pueden observarse en la población actual, como la baja estatura, cabeza ancha, piel oscura, nariz aguileña, pómulos salientes, ojos oblicuos con pliegue epicántico y la mancha mongólica.

Las figurillas de barro procedentes de Jaina, que se exhiben aquí, proporcionan una valiosa información sobre la indumentaria y el adorno personal, desde el sencillo braguero de la gente del pueblo hasta la rica vestimenta y elaborados atuendos de los señores, sacerdotes y mujeres de elevada alcurnia. Se observan representaciones de faldillas, huipiles, mantos o capas, sandalias, cinturones, abanicos, cascos de animales, sombreros, bastones de mando, etc., lo mismo que pectorales, brazaletes, collares, orejeras y otros ornamentos, asociados al rango de los individuos y a sus ocupaciones.

Las mismas figurillas muestran a señores y nobles sentados en sus tronos o bancos; a sacerdotes y sacerdotisas, por lo general con sus bolsas de copal; a jugadores de pelota, guerreros, músicos, tejedoras y a muchos individuos más. Ello indica que la sociedad maya estaba organizada en clases o castas bien definidas, con funciones específicas, y así había un estamento superior formado por gentes que atendían el gobierno, el sacerdocio, la guerra, la justicia y la administración pública, lo mismo que un estamento inferior compuesto por los artesanos, campesinos y pueblo en general.

El culto a las estelas y la colocación de altares frente a los basamentos o edificios, fue un rasgo distintivo de la cultura maya. Sus antecedentes se remontan hasta el período Pro-

Fig. 105

132

toclásico, de 200 A. J. a 200 D. J., en lugares como Izapa, Chiapas, donde se encuentra ya la asociación de estela y altar. En la estela 1 de Izapa se puede ver a un personaje parado sobre una corriente de agua, con una máscara de rasgos serpentinos y una red; el altar adopta la figura de un animal mitológico, jaguar o rana, en actitud de saltar o agazapado. Aprovechando algunas figurillas de barro y objetos musicales, en una vitrina se muestra algo de las festividades religiosas de·los mayas. Puede decirse que la música alcanzó un gran desarrollo, pues existen flautas, silbatos, ocarinas, sonajas, tambores, trompetas de caracol, caparazones de tortuga y otros instrumentos, con los cuales amenizaban las danzas de la época. Además, los bailarines usaban disfraces y había entretenimientos como el juego de pelota, el cual era practicado por los señores y jugadores profesionales.

Las fiestas se regían por el calendario religioso, y estaban dedicadas a sus dioses, los cuales tenían funciones específicas. Creían en un dios creador de todas las cosas, llamado Hunab Kú, padre a su vez de Itzamná, señor del cielo, del día y la noche. Adoraban a Kukulkán o dios del viento; a Chac o dios de la lluvia; a Yum Kaax o dios joven del maíz; a Ek Chuah o patrono de los mercaderes; a Ix Tab o dios de los suicidas; lo mismo que a Ix Chel o diosa lunar; Ah Puch o dios de la muerte; Ix Asal Uo, patrona del tejido y otros más.

Para los mayas, el universo estaba dividido en 13 cielos superiores donde residían los Oxlahuntikú, y en 9 cielos inferiores donde habitaban los Bolontikú. El mundo estaba sostenido por los cuatro Bacabes, relacionados con los puntos cardinales, con cuatro colores y con cuatro Chaques y cuatro Iques que ayudaban a los dioses de la lluvia y del viento respectivamente. Adoraban a una gran ceiba, árbol de la vida y sagrado, el cual hincaba sus raíces en el mundo de los muertos, y subía hacia los trece cielos superiores.

En esta misma sección de la sala se exhiben varias estelas, dinteles, jeroglíficos en estuco y reproducciones del códice Tro-Cortesiano, los cuales nos informan de los logros inte-

133

lectuales de los antiguos mayas. Puede decirse que fueron los sabios y matemáticos del Nuevo Mundo, por sus observaciones astronómicas, calendario y escritura jeroglífica.

Los mayas tuvieron un sistema vigesimal por posición, gracias a que inventaron el cero; escribían del 1 al 19 por medio de puntos y barras, mientras que el cero se representaba por una especie de concha. Con ellos anotaban cantidades más elevadas, colocando sus numerales en forma creciente de abajo hacia arriba, multiplicándolos por 20, 400, 8000 etcétera. También utilizaron numerales de cabeza o de figuras; este sistema se aplicó al calendario, como puede verse en sus estelas, dinteles, escalinatas y otros monumentos.

El calendario religioso, llamado Tzolkín, estaba compuesto por un ciclo de 260 días que son el resultado de la combinación de 20 días con 13 numerales. Los días se expresaban por jeroglíficos y eran: Imix, Ik, Akbal, Kán, Chicchán, Cimi, Manik, Lamat, Muluc, Oc, Chuen, Eb, Ben, Ix, Men, Cib, Caban, Etznab, Cauac y Ahau.

El calendario solar, llamado Haab, se componía de 18 meses de 20 días, más cinco días adicionales llamados Uayeb, lo cual daba 365 días. Los nombres de los meses eran: Pop, Uo, Zip, Zotz, Zec, Xul, Yaxkín, Mol, Chén, Yax, Zac, Ceh, Mac, Kankín, Muan, Pax, Kayab, Cumkú, y los Uayeb.

Estos dos calendarios se combinaban para dar una Rueda Calendárica o período de 52 años, tiempo mínimo en que podía repetirse una fecha cualquiera; o sea que si en el calendario religioso se comenzaba con el día 1 Imix, y en el calendario solar con el mes 0 Pop, la fecha 1 Imix 0 Pop sólo podría volver a suceder después de 18 980 días, o sea 52 años. A su vez, esta fecha se fijaba con la era maya, partiendo de un año legendario para ellos; y esto constituía la Cuenta larga, expresada en Baktunes, Katunes, Tunes, Uinales y Kines, o sea en unidades de tiempo, como se ve en las estelas.

Además de un exacto calendario solar o civil, ya que registraban la fracción de tiempo restante y los años bisiestos, los mayas calcularon la duración de las lunaciones, las estaciones, los equinoccios y solsticios, el ciclo de Venus en 584 días, e hicieron observaciones sobre otros planetas y constelaciones; dejaron tablas de eclipses, con las fechas en que debían ocurrir, como se observa en el códice Dresden. La escritura jeroglífica, todavía no se ha descifrado completamente. En vitrina especial se muestra la evolución de la cerámica, las formas y tipos de cada período de la cultura. La alfarería más temprana se caracteriza por la monocromía en tonos negros, crema, rojo, naranja y negro con bordes blancos; son de ollas con gajos como calabazas, vasijas de silueta compuesta, platos de base plana, copas con base anular, y ollas con vertedera sencilla. Este período ha recibido el nombre de Mamom, y corresponde al Preclásico, entre 1300 y 800 A. J.

A continuación la cerámica del período Chicanel, correspondiente también al Preclásico, entre 800 y 200 A. J. en él sobresalen las vasijas bícromas: negro sobre rojo, rojo sobre café, rojo sobre blanco, naranja sobre crema y otras modalidades; en formas parecidas a la de la época anterior.

Sigue el período Matzanel o Protoclásico, de 200 A. J., a 200 D. J., en el que se fijan los elementos cerámicos que caracterizarán a la cultura maya, como las vasijas tetrápodas, los soportes mamiformes, los soportes carrete, la decoración pintada sobre estuco seco, los rebordes labiales y basales, la vertedera unida con puente y otros más, que aparecen en recipientes polícromos por lo general. *Fig. 106*

Durante el auge de la cultura maya, en el Clásico (200-900 D. J.), predomina la policromía, primero en vasijas decoradas con motivos geométricos o de animales, y después en vasos que parecen códices por sus representaciones de escenas ceremoniales, de comercio, de cacería, guerra y otros temas. En la península de Yucatán se hace la cerámica Pizarra, y en la alfarería se notan algunas influencias teotihuacanas. El Clásico incluye los períodos Tzakol y Tepeu. *Figs, 103, 117* *Fig. 104*

El Postclásico es una etapa decadente de la cerámica, se vuelve a la alfarería más bien doméstica, y a la representación de figuras de dioses y sacerdotes, especialmente en urnas *Figs. 107, 119*

135

y braseros pintados a veces con colores diluidos en agua, pero por el intercambio comercial con otras regiones se obtiene la cerámica plumbate o plomiza y la anaranjada fina. Esta etapa ocurre entre 900 y 1517.

Después de la exhibición de la cerámica, la sala muestra otros aspectos de la cultura maya, entre ellos la arquitectura y la escultura, asociada al apogeo de los centros ceremoniales del Clásico. Pueden verse fotomurales de la estructura E-VIII-Sub. de Uaxactún y de uno de los templos de Tikal, los cuales muestran el estilo de los primeros basamentos de la región, caracterizados por sus cuerpos escalonados, pero con las esquinas formando ángulos entrantes y salientes.

Se exhiben algunas maquetas de centros ceremoniales importantes, entre ellos el de Piedras Negras, Guatemala, que fue construido en el Valle del Usumacinta, aprovechando convenientemente los accidentes del terreno y el de Copán, Honduras, que se distingue por sus basamentos de cuerpos verticales, amplias escalinatas, a veces ornamentadas con cientos de jeroglíficos, grandes esculturas y estelas, juegos de pelota, altares y otras estructuras civiles y ceremoniales.

El descubrimiento del arco falso o bóveda de piedra salediza y el uso de cresterías sobre los techos fueron en realidad las más importantes aportaciones de los arquitectos mayas.

Figs. 108, 109 La escultura se ilustra con bellos dinteles y estelas de Yaxchilán, con una escultura de Toniná, con la lápida de Jo- Fig. 116 nuta, el disco de Chinkultic y estelas de Calakmul. Notable es Fig. 111 el *Tablero de la Cruz Enramada* de Palenque, en el cual dos sacerdotes de perfil ofrendan a la planta del maíz divinizada, en forma de cruz y con un quetzal en la parte superior.

La habilidad y el sentido artístico de los artesanos mayas se manifiestan en las artes menores, en el delicado trabajo Fig. 110 del jade y del hueso como se ve en la representación de un sacerdote tallado en hueso de jaguar, en varios ejemplos de Fig. 112 pectorales o placas de jade y serpentina, en una pequeña lápida de Palenque con la efigie del dios Chac o de la lluvia, o en las cuentas de collar y orejeras, bellamente labradas.

Bajando por una escalera está la sección destinada a los enterramientos y prácticas funerarias, desde los más sencillos hasta los más complicados, o sea que se comienza con los enterramientos directos en el suelo acompañados de ofrendas, luego se muestra el entierro en tinajas o urnas y se termina con la Cámara Sepulcral de Palenque, a escala natural. Se exhibe una maqueta del centro ceremonial de Palenque, con su conjunto de templos y edificios asentados sobre basamentos escalonados, entre ellos el templo del Sol, el templo de la Cruz Enramada, el palacio, el templo del Conde, el acueducto, y se hace resaltar el templo de las Inscripciones, donde se encontró una cámara interior con el entierro de uno de los gobernantes del lugar.

En una vitrina se exhiben las joyas que acompañaban al difunto, entre ellas dos máscaras en forma de mosaico de jade, *Fig. 115* collares del mismo material, anillos, orejeras con su tapón, perlas y broches u objetos para colgar del cinturón. También se exponen las cabezas modeladas en estuco que fueron en- *Fig. 114* contradas junto al sarcófago de piedra.

Volviendo a la sala se muestran objetos del Horizonte Postclásico, caracterizado por las influencias mexicanas que llegaron a las ciudades del Puuc o de la serranía, en la península de Yucatán. Se exhiben en primer lugar algunas esculturas de esos centros: la cabeza de un gobernante con ta- *Fig. 118* tuaje en la mejilla procedente de Kabáh, un mascarón del dios Chac o de la lluvia trabajado en mosaico de piedra, la escultura conocida como la reina de Uxmal, que en realidad es la representación de un joven sacerdote relacionado con el dios Kukulkán, saliendo de las fauces de una serpiente. *Fig. 120*

Los atlantes de Chichén Itzá, representan guerreros ata- *Fig. 122* viados con capas de plumas, faldillas, pectorales, orejeras y sandalias. El famoso Chacmol de Chichén Itzá, en forma de un individuo recostado con un recipiente sobre el vientre, en el cual se depositaba la ofrenda del sacrificio humano. Otras esculturas indican la influencia mexicana en varios sitios de la península de Yucatán.

137

De la arquitectura de la época se exhibe la maqueta del castillo de Chichén Itzá, estructura compuesta de un basamento piramidal de nueve cuerpos, con una escalinata en cada lado, cuyas alfardas arrancan de cabeza de serpientes. En la maqueta de Tulum —que fue un recinto ceremonial amurallado levantado a la orilla del mar Caribe—, sobresalen los edificios conocidos como el Palacio, el templo del Dios Descendente y el templo de los Frescos, cuyas pinturas tienen relación con el estilo mixteca.

Las vitrinas contienen varios ejemplares de la cerámica plomiza, principalmente en forma de animales, vasos tallados en ónix o alabastros, vasijas anaranjado fino con paneles decorados, algunos discos recubiertos con mosaico de turquesa, concha y pirita encontrados en la subestructura del castillo de Chichén Itzá y hachas excéntricas talladas en sílex, parte de los bastones de mando que usaban los señores.

Fig. 113

Fig. 121

Algunos objetos de oro ilustran la metalurgia, introducida a la región maya vía Centroamérica, principalmente por comercio con Costa Rica y Panamá: figurillas, cascabeles, discos repujados, pequeños recipientes y otras piezas, provienen del Cenote Sagrado de Chichén Itzá, que era el lugar donde los mayas hacían sacrificios u ofrendas al dios del agua.

Por último, en el exterior de la sala pueden contemplarse reproducciones de estelas de Quiriguá, Piedras Negras y Copán; la réplica a escala de un edificio de Hochob, Campeche, cuya fachada muestra el estilo típico de la región de los Chenes, con su gran mascarón del dios de la lluvia enmarcando la puerta; y la reproducción exacta del templo de las Pinturas de Bonampak, con sus tres cuartos decorados con frescos.

En el primer cuarto está pintada una escena ceremonial en la cual una serie de señores y nobles asisten a la presentación del heredero al trono de Bonampak. Hay varios sacerdotes ricamente ataviados que concurren a dicho acto y la celebración termina en una danza celebrada a la luz del día, en la que participan músicos con caparazones de tortuga, tambores con parches de cuero, sonajas y largas trompetas.

Los bailarines ostentan disfraces de cangrejos y caimanes, o llevan máscaras con adornos vegetales.

El segundo cuarto presenta una batalla llena de dinamismo y colorido, en la que sobresalen las lanzas y los escudos, los cráneos trofeos y los cascos de animales, la pintura corporal y el atuendo de los guerreros. Se muestra también el enjuiciamiento y castigo de los prisioneros por el jefe de Bonampak, ataviado con chaquetilla y sandalias de piel de jaguar, y con una lanza real en la mano.

El tercer cuarto está destinado a exaltar la victoria obtenida por los de Bonampak, celebrada con una gran fiesta al aire libre, y sobre las gradas de uno de los edificios principales; se ven bailarines con tocados de plumas de quetzal y faldillas con los extremos desplegados por el movimiento, acróbatas, músicos, y un cortejo de señores y nobles, en el que no falta la familia real y el heredero.

En resumen, los antiguos mayas ocuparon el sureste de México y partes de Centroamérica, desde cuando menos unos 300 años después de la era cristiana, y desarrollaron a través del tiempo una cultura refinada y plena de sabiduría, la cual se vio truncada por la conquista española.

Sobresalieron por sus conocimientos astronómicos y matemáticos, lo cual les permitió desarrollar el calendario de 365 días y un sistema vigesimal con la correcta posición del cero, al mismo tiempo que efectuaron cálculos precisos para la fijación del ciclo venusino, de las lunaciones, de los equinoccios y solsticios, eclipses y otros logros que en ese tiempo eran ignorados en el Viejo Mundo.

También se destacaron en la arquitectura con el empleo de la bóveda de piedra salediza o arco falso, elaboraron una bella cerámica polícroma; tallaron la piedra con preciosos bajo relieves y modelaron sorprendentes figuras en estuco, todo ello dentro de un estilo artístico propio, exuberante como la vegetación de sus junglas, que se refleja en sus pinturas murales, figurillas, códices, ornamentos y otras obras menores.

103   Vaso en forma
de cabeza de jaguar.
Barro. Alt.: 23 cm.
Clásico Tardío. Tepeu.
Cat. 5-75.

104   (*arriba, derecha*)
Vaso del tipo
«Pizarra Yucateca».
Barro. Alt.: 12 cm.
Clásico Tardío. Período
Puuc. Cat. 5-1210.

105   Señor principal
sentado en un trono
o banco circular. Barro.
Alt.: 22 cm. Clásico.
Cat. 5-1411.

140

06 Plato con soportes
mamiformes y moldura en la
base. Barro. Alt.: 14 cm.
Clásico Temprano. Tzakol.
Cat. 5-1037.

07 Plato polícromo
a personaje y banda
e jeroglíficos. Barro.
Diámetro: 35 cm.
ásico Tardío. Tepeu.
Cat. 5-564.

108　*(izquierda)* Estela 10 de Yaxchilán, Chiapas. Piedra. Alt.: 193 cm. Clásico
Tardío. 766 D. J. Cat. 5-1636.

109　Dintel 53 de Yaxchilán. Piedra. Alt.: 160 cm. Clásico Tardío. Cat. 5-1763.

110 Señor principal con rica indumentaria. Hueso. Alt.: 7 cm. Clásico. Cat. 5-1651.

111 (derecha) Placa o pectoral con personaje en relieve. Piedra. Long.: 9 cm. Clásico. Cat. 5-1644.

112 (abajo) Disco de Chinkultic, Chiapas. Muestra a un jugador de pelota. Piedra. Diámetro: 55 cm. Clásico. 590 D. J. Cat. 5-1637.

113 (derecha, abajo) Disco con mosaico de turquesa, concha y pedernal. Chichén Itzá, Yucatán. Diámetro: 24 cm. Postclásico. Cat. 5-1676.

114 Cabeza humana, modelada dentro del típico estilo de Palenque. Estuco. Alt.: 28 cm. Clásico. Cat. 5-1761

116 (*derecha*) Lápida de Jonuta, Tabasco. Muestra a un sacerdote ofrendando a la planta del cacao. Piedra. Alt.: 103 cm. Clásico. Cat. 5-1762

115 Máscara de jade compuesta de varias partes. Piedra. Alt.: 8 cm. Clásico. Palenque, Chiapas. Cat. 5-1473

117 Vaso polícromo con personaje. Barro. Alt.: 13 cm. Clásico Tardío. Cat. 5-1083.

119 (*derecha*) Sacerdote ofrendando copal. Barro polícromo. Mayapán, Yucatán. Alt. 56 cm. Postclásico. Cat. 5-1060.

118 Fragmento de escultura conocida como «el rey de Kabáh». Lleva el rostro escarificado. Piedra. Alt.: 48 cm. Clásico Tardío. Período Puuc. Cat. 5-1638.

120 Sacerdote saliendo de
las fauces de una serpiente
Se relaciona con Kukulcán,
dios-héroe civilizador. Piedra
Alt.: 80 cm. Clásico Tardío
Período Puuc. Cat. 5-1764.

122 (derecha) Atlante con
figura de guerrero. Piedra.
Alt.: 88 cm. Postclásico.
Influencia tolteca. Cat. 5-113.

121 Hacha excéntrica
con siluetas humanas.
Pedernal. Alt.: 32 cm.
Clásico Tardío.
Cat. 5-1005.

EL NORTE DE MEXICO

Hacia el norte de la frontera mesoamericana existieron algunos grupos que desarrollaron culturas propias, desde luego con influencias de las altas culturas del Altiplano y del occidente de México, lo mismo que con influencias del sudoeste de los Estados Unidos. Esta sala se dedica a Guanajuato, San Luis Potosí, Zacatecas, Durango y Chihuahua, esa franja territorial que en otro tiempo ofrecía facilidades para el asentamiento de los grupos, y que podría denominarse Mesoamérica Marginal.

De hecho, el norte de México fue un territorio compartido por diversos grupos en diferentes tiempos, debido a los especiales factores ecológicos que condicionaban su forma de vida. Hubo cazadores nómadas de grandes mamíferos pleistocénicos, que avanzaron hasta el Altiplano Central cuando las condiciones climáticas eran más favorables que ahora. Grupos de recolectores que subsistieron en zonas boscosas y aún áridas, semejantes a los que ocuparon el sudoeste de los Estados Unidos y que se conocen como culturas del Desierto. Grupos que se derivaron de ellos, pero que se asentaron en el noroeste de México y practicaron la agricultura a lo largo de los ríos, recibiendo estímulo de Mesoamérica y grupos de cazadores y recolectores estacionales de gran movilidad territorial, los cuales incursionaban por los lugares de sedentarios con un nivel cultural más alto, y que subsistían en el momento de la conquista.

Esta situación especial y temporal determinó que la sala se iniciase con un mapa en colores en que se muestran las zonas culturales del norte de México, es decir, la zona ocupada por la cultura del Desierto, la cultura de las Planicies, la cultura de Mesoamérica Marginal y la cultura de Oasis-América. Todas ellas contrastan con el área mesoamericana, la cual influyó sobre las demás, en mayor o menor grado. También se muestra un mapa referente a la colonización progresiva de España en el norte de México.

En vitrinas especiales, se exhiben ejemplares de los grupos de las Planicies y de la cultura del Desierto, con objeto de mostrar el tipo de vida cazador de los primeros y el tipo de vida recolector de los segundos. Se exponen algunas puntas de proyectil con las cuales se cazaban el mamut, caballo, bisonte y otras especies, lo mismo que un mapa de distribución de los hallazgos principales. Redes, cestas, sandalias, objetos de madera y otras piezas, que indican el desarrollo de los recolectores, y reproducciones de pinturas rupestres.

Sigue otra vitrina con objetos típicos de la zona marginal para mostrar los rasgos comunes con las culturas de Mesoamérica: la cerámica, tejido, arquitectura, metalurgia.

Se exhiben ejemplares de cerámica de San Miguel Allende y del Cóporo, caracterizada por sus vasijas blanco levantado, rojo sobre café, tapas con efigies humanas para los braseros donde se quemaba el copal, pipas de barro, vasijas polícromas derivadas del tipo de Chupícuaro, ornamentos de concha, y otras piezas, lo mismo que objetos de varios sitios de San Luis Potosí, en el que sobresalen las vasijas negro sobre rojo. _Figs. 123, 128_ _Fig. 124_

En realidad la cultura Preclásica de Chupícuaro, dio lugar a otros grupos de Guanajuato, que se fueron infiltrando hacia Michoacán, Zacatecas y Durango, formando un corredor de influencias recíprocas entre Mesoamérica y el sudoeste de los Estados Unidos. Lugares como Queréndaro, lago de Cuitzeo, Suchil, Chalchihuites y aún La Quemada, muestran esas influencias, lo mismo que la cultura Hohokam del sudoeste de Estados Unidos. _Fig. 130_

En la seción destinada a Zacatecas se exhiben algunos ejemplares de cerámica, especialmente del tipo negro con decoración de cloisonné y tipo rojo sobre crema con motivos de pequeños animales como alacrán, serpiente, ardilla. Hachas con ranura, malacates decorados, objetos de metal, y otros

153

que muestran contactos con varios grupos. Fotomurales de La Quemada dan idea de la arquitectura de Zacatecas, la cual empleó el adobe y la laja para la construcción de sus edificios, con rasgos de Mesoamérica y del sudoeste de Estados Unidos.

La zona arqueológica de La Quemada está situada en las estribaciones de la sierra de las Palomas, el centro ceremonial tiene la apariencia de una ciudad fortificada, por el aprovechamiento de la meseta a distintos niveles y por el revestimiento de los acantilados con muros hasta de diez metros de altura. Puede verse una ancha calzada que conduce al centro propiamente dicho; dentro de él sobresale una pirámide truncada, con empinada escalinata lo mismo que habitaciones con columnas hechas de lajas, cuartos alrededor de patios hundidos y basamentos de cortas dimensiones.

La sección destinada a Chihuahua es la más amplia, se dedica a la cultura de Casas Grandes. Se muestran los principales edificios de ese lugar, en el cual hubo casas de varios pisos construidos de adobe, semejantes a los de Mesa Verde y otros sitios del sudoeste de Estados Unidos, lo mismo que un juego de pelota en forma ovalada; canales de irrigación y cisternas para el almacenamiento de agua, hornos para cocer mezcla, jaulas de lodo para criar pericos y otros elementos culturales de Mesoamérica y del sudoeste.

En Casas Grandes los grupos desarrollaron una bella alfarería, semejante a la que todavía siguen haciendo los indios Pueblo, Pimas y Pápagos. Es una alfarería polícroma, en colores negro, rojo guinda y café oscuro sobre crema o marfil, en forma de cuencos y ollas sencillas, con dibujos geométricos o de animales esquematizados, o en forma de vasijas con efigies humanas o de animales.

Fig. 126
Fig. 127

Fig. 125
Fig. 129

También se exhiben algunos objetos de concha, collares con cuentas de turquesa y caracol marino, un cascabel de cobre en forma de tortuga, hecho por la técnica del fundido y alambre aplicado, hachas de ranura y otros objetos, muchos de ellos producto del comercio en ambas direcciones.

154

123 Olla del tipo «blanco levantado». Barro. San Miguel Allende, Guanajuato. Alt.: 39 cm. Clásico Tardío. Colección particular.

124 Tapaderas de incensarios con figuras humanas. Barro. San Miguel Allende, Guanajuato. Alt.: 19 y 18 cm. Postclásico Temprano. Colección particular.

125 (*izquierda*) Collar
de concha
con mosaico de turquesa.
Casas Grandes,
Chihuahua.
Long.: 126 cm.
Postclásico. Cat. 12-945.

126 Vasija polícroma
con decoración
geométrica. Barro.
Casas Grandes,
Chihuahua. Alt.: 19 cm.
Postclásico. Cat. 12-617.

127 Vasijas polícromas
con caras humanas
y decoración geométrica.
Barro. Casas Grandes,
Chihuahua. Alt.: 14
y 16,5 cm. Postclásico.
Cat. 12-608, 12-612.

157

128 Vasija silbadora con figura
humana sedente. Barro.
El Cóporo, Guanajuato.
Alt.: 28 cm. Clásico Tardío.
Cat. 12-682.

129 Tortuga hecha por las
técnicas del fundido en molde
y filigrana. Cobre. Casas Grandes,
Chiuhuahua. Long.: 10 cm.
Postclásico. Cat. 12-978.

130 Ollas polícromas, estilo
«La Quemada». Barro. Zacatecas.
Alt.: 15 y 11 cm. Postclásico
Temprano. Cat. 12-537, 12-561.

EL OCCIDENTE DE MEXICO

Toda luna, todo año,
todo día, todo viento,
camina y pasa también.
También toda sangre llega
al lugar de su quietud.

CHILAM BALAM DE CHUMAYEL

Esta última sala está dedicada a las culturas que florecieron en Sinaloa, Nayarit, Colima, Jalisco, Michoacán y parte de Guerrero y Guanajuato, es decir, en una vasta región situada hacia el occidente de la República mexicana. Desde el río Guasave hasta la cuenca del Balsas, los grupos se fueron asentando por la planicie costera, 'por las sierras y mesetas volcánicas, en las cuencas lacustres y en las amplias llanuras, donde se desarrollaron varias culturas locales.

La sala se inicia con un gran mapa en colores en el que se destaca la topografía, flora y fauna de la región, lo mismo que algunas manifestaciones culturales distintivas de los grupos. Chupícuaro se distinguió por sus graciosas figurillas y elegante alfarería; Colima, Jalismo y Nayarit son notables por sus realistas y expresivas figuras de barro; Mezcala sobresalió en el arte lapidario, Sinaloa en el trabajo de la concha, y los tarascos desarrollaron la plumaria y la orfebrería.

Otro mapa realizado en metal nos muestra las influencias culturales que recibió la región, ya que el occidente de México fue una especie de corredor geográfico por donde pasaron influencias de otras culturas en diversas épocas. Así, del sudoeste de Estados Unidos vinieron las hachas de garganta o de ranura, las pipas de barro o de piedra, los discos o espejos con mosaico o pirita, los brazaletes de concha y caracol cortados; mientras que las tumbas de tiro, la metalurgia, las vasijas con asa de estribo, las mazas de piedra, los metates efigie y otros elementos llegaron desde Centroamérica.

Los grupos más antiguos del occidente de México vivían en aldeas rurales, cultivaban el maíz, el fríjol y la calabaza, tenían chozas de materiales perecederos, rendían culto a sus *Fig. 134* muertos y elaboraban cerámica y figurillas de refinada elegancia, como se observa en El Opeño y Chupícuaro.

En Chupícuaro los muertos eran enterrados directamente en el suelo, por lo general alrededor de hogares con numerosos objetos en calidad de ofrendas. Entre dichos objetos sobresalen las vasijas de barro, monócromas, bícromas y polícromas en una gran variedad de formas, entre ellas platos trípodes con soportes altos, cuencos como calabazas, vasijas con asas de canasta, copas y recipientes con caras humanas cerca del borde. Predominan los colores negro, rojo y café oscuro sobre crema o blanco.

Tanto las figurillas de Chupícuaro como las de El Opeño, aquí mostradas, nos revelan varias costumbres de aquellos pueblos. Podemos ver niños en sus cunas, músicos con flautas, cargadores, mujeres con niños, etc., todas ellas aplana- *Fig. 132* das, a veces pintadas con colores azul y negro; también hubo figuras huecas en colores negro y crema sobre rojo.

Durante el Horizonte Clásico, y con el aumento de las poblaciones, se ocupan numerosos sitios del occidente de México, en los cuales se construyen sencillos centros ceremoniales, se desarrollan las artesanías y predomina una sociedad regida por un gobierno teocrático. Entonces florecen las culturas de Colima, Jalisco y Nayarit, con sus figurillas de barro y su alfarería, de un estilo particular y reconocible.

En Colima los alfareros elaboraron vasijas de color rojo o café pulido principalmente, en las que destacan las repre- *Fig. 136* sentaciones de perros cebados, armadillos, serpientes, loros, pájaros carpinteros, cangrejos, camaleones y otras especies más. Hay vasijas con representaciones de plantas y frutos o en forma de figura humana, como son las piezas que reprodu-

160

en calabazas sostenidas por enanos o pájaros a manera de soportes, los cargadores de bancos, aguadores y mujeres.

Sus figurillas, tanto sólidas como huecas, nos ilustran acerca de la vida diaria, hay representaciones de jefes sentados *Fig. 135* en sus bancos o sobre literas, sacerdotes, bailarines, músicos, *Fig. 133* guerreros, aguadores y muchos individuos más; a la vez indican algo de la indumentaria y los adornos de la gente: hay bragueros, camisas o chaquetillas, pantalones, capas, barbiquejos, cascos, quechquemitl, collares, orejeras. Existen también representaciones de chozas y templos sobre basamentos.

Los alfareros de Nayarit se especializaron en la producción de figuras huecas, muchas de ellas de gran tamaño, dentro de un estilo casi caricaturesco y siempre con adición de pintura blanca, amarilla y café sobre el barro de color rojizo o cafetoso. Pueden mencionarse las representaciones de individuos patológicos y de mujeres y hombres en varias activi- *Fig. 139* dades. Tienen por lo regular los miembros desproporcionados *Fig. 138* y llevan narigueras y orejeras compuestas de un sartal de aros. Representan en barro maquetas de casas, estructuras del juego de la pelota y sus participantes, rondas de bailari- *Fig. 131* nes alrededor de músicos y escenas de enterramientos.

Las figuras de Jalisco son de barro crema bien pulido, representan hombres y mujeres a veces con pintura corporal. *Fig. 142* Ahí se exhibe una bella representación de un individuo vie- *Fig. 137* jo, con un bastón de caña, parado sobre un pescado, cuyo estilo recuerda al de Colima, del cual recibió influencias.

La mayoría de las piezas exhibidas de estos tres estados proceden de ofrendas encontradas dentro de «tumbas de tiro», verdaderas cámaras funerarias abovedadas, excavadas en el tepetate o formación natural del terreno, a las que se bajaba por un tiro o chimenea como las de Colombia y Ecuador; se muestra aquí la reproducción de una tumba de Etzatlán, Jalisco, aunque también las hubo en Colima y Nayarit

En la sala pueden verse también algunos objetos del estado de Guerrero, especialmente de Mezcala, cuyo estilo la- *Figs. 143,* pidario se volcó en representaciones de templos, máscaras, *140* hachas con figuras humanas esquematizadas, placas y otros ornamentos, en piedras verdes lo mismo que cerámica decorada al estilo laca, en colores azul, verde, rosa y amarillo. A continuación se exhiben objetos de las culturas que florecieron durante el Horizonte Postclásico, el cual se caracteriza por la introducción de la metalurgia, las pipas y el tabaco, las guerras tribales, el arte plumario, la construcción de yácatas, las primeras fuentes escritas y otros rasgos más. Esta es la época del desarrollo de los grupos de Guasave y Culiacán, de Ixtlán, y de los tarascos de Michoacán.

En Sinaloa, los grupos desarrollan el llamado Complejo Aztatlán, el cual se caracteriza por sus impresionantes enterramientos, los muertos se flexionaban y envolvían en petates o mantas, atados y acompañados de numerosas ofrendas. A veces se les depositaba dentro de grandes urnas o tinajas *Fig. 141* de barro. Entre los objetos hay máscaras de barro, hachas de garganta, pipas, brazaletes de concha, objetos de metal, espejos en mosaico de pirita, guajes decorados al estilo laca, vasos tallados en tecali o alabastro y cerámica polícroma en los colores delimitados por incisión.

El resto de la sala está dedicado a los tarascos, los cuales se asentaron en Uayameo, Pátzcuaro, Tzintzuntzan, Ihuatzio y muchos lugares más. Con el tiempo llegaron a ser señoríos de importancia que cubrieron un vasto territorio, imponiendo su lengua y sus costumbres. Era una sociedad de tipo imperialistas, como la de sus contemporáneos los mexicas.

Los tarascos cultivaron numerosas plantas, entre ellas el tabaco, algodón y la chía que empleaban para bebidas y para obtener aceite. En las zonas lacustres pescaban con canoas y redes, anzuelos, fisgas y lanzadardos. Para su vestido utilizaban el algodón, pochote, maguey, pelo de conejo y plumas. *Fig. 144* Una de sus principales artesanías era la alfarería; modelaban pipas de barro, vasijas con asa de estribo y vertedera, recipientes semejantes a zapatos o patojos, vasijas miniatura, cuencos con gajos de calabaza y asa de canasta, vasijas polícromas con decoración negativa y muchas otras variedades.

Se distinguieron en el trabajo de la pluma, utilizándola a manera de mosaico, con la cual hacían escudos, mantas, abanicos, figuras y otras piezas.

También se exhiben bellos ejemplares del tallado de la obsidiana, algunos espejos extraordinariamente pulidos, orejeras tan delgadas como el vidrio, a veces decoradas con mosaico de turquesa y otro, bezotes y otros ornamentos, lo mismo que varias piezas escogidas del trabajo de metal, principalmente cascabeles, anillos, brazaletes, pinzas, discos, alfileres, máscaras bezotes. En la metalurgia conocieron las técnicas del martillado en frío, la fundición en moldes o proceso de la cera perdida, la filigrana, el soldado y el dorado, utilizaron cobre, oro y plata, lo mismo que sus aleaciones.   *Fig. 145*

Motolinía refiere que «Michoacán es la más rica en metales de toda la Nueva España, así de cobre y estaño como de oro y plata», lo cual se confirma en la existencia de placeres y arenales auríferos de ríos como el Zacatula y Balsas, lo mismo que en yacimientos de oro, plata y cobre de lugares como Motines del Oro, Ostutla, Morcillo, Pomaro y otros. En el llamado *Lienzo de Jucutacato,* del siglo xvi se describe en forma pictórica un movimiento de gentes en busca de minas, a través de varias partes del reino tarasco.

Al fondo de la sección queda un mural relacionado con el carácter casi divino del Cazonci o gobernante principal del reino tarasco. Personificaba al dios Curicaveri o señor del fuego, del sol y del firmamento, y era el único que podía ser incinerado al morir.

Además del dios Curicaveri, los tarascos adoraban a la diosa Cueraváperi, creadora y madre de los dioses, a Tariácuri que era dios del viento, a Xarátanga o diosa de los mantenimientos, a Uinturópati o diosa del maíz, y a otras deidades más. Consideraban al universo dividido en tres planos superpuestos, cada uno de ellos en sus cuatro puntos cardinales, cuatro deidades especiales y cuatro colores distintivos.

Se exhibe la maqueta del centro ceremonial de Tzintzuntzan, el cual fue la antigua capital del reino tarasco. Se encuenta situado en las primeras estribaciones del cerro Yahuarato, frente al lago de Pátzcuaro, en el poblado actual de Tzintzuntzan.

El centro ceremonial se compone de una gran terraza artificial, con cuerpos escalonados que se van adaptando a los accidentes del terreno; hacia el centro hay restos de una escalinata, por la cual se ascendía a dicha terraza. Sobre ella, que mide 400 metros de frente, se construyeron cinco basamentos o yácatas alineadas una tras otra de sudoeste a noroeste, combinando la planta rectangular con la circular. Según la «Relación de Michoacán», sobre los cuerpos circulares había templos hechos de troncos y paja.

A continuación seguía la gran plaza ceremonial, en cuyos lados se levantaban algunas habitaciones de los nobles y sacerdotes. Hacia distintos puntos del lugar había otras yácatas pequeñas que funcionaban como templos de los barrios.

Las personas importantes eran enterradas al frente de las yácatas; se han encontrado numerosas tumbas con ofrendas, por debajo del piso de la gran terraza, lo mismo que agujeros en donde se incineraban algunos muertos.

Fig. 147 Por último, se exhiben algunos ejemplares de la escultura tarasca, realizada principalmente en piedra volcánica como el gran Chacmol de Ihuatzio, con ciertas influencias toltecas, un trono en forma de coyote, una pareja humana sedente *Fig. 146* y la escultura de un coyote, al parecer danzando.

Al igual que los mexicas, en casi 300 años los tarascos lograron consolidar un vasto imperio e impusieron su lengua y sus costumbres a varios pueblos. Desarrollaron el arte plumario y la orfebrería, construyeron basamentos de planta rectangular circular, elaboraron una bella cerámica polícroma, tallaron admirablemente la obsidiana y realizaron importantes obras escultóricas. La conquista española terminó con el poderío de los tarascos, cuyos descendientes subsisten todavía en el estado de Michoacán.

ROMÁN PIÑA-CHAN

131 Maqueta de una casa asentada sobre una plataforma. Barro. Nayarit. Alt.: 31 cm. Clásico. Cat. 2-4849.

132 Figuras huecas en negro
y rojo sobre crema. Barro.
Chupícuaro, Guanajuato.
Alt.: 17 cm. Preclásico Superior.
Cat. 2-4843, 2-4894.

134 Figurilla con cabeza rapada
parcialmente. Barro. El Opeño,
Michoacán. Alt.: 12 cm.
Preclásico Medio. Cat. 2-1666.

133 Bailarín
músico con tambor.
Barro. Colima.
Alt.: 13 cm. Clásico.
Cat. 2-5616, 2-6148

135 Figura hueca
sedente. Barro.
Colima. Alt.: 31 cm.
Clásico. Cat. 2-3465.

136 (*izquierda*)
Vasija en forma
de perro echado.
Barro. Colima.
Alt.: 14 cm. Clásico.
Cat. 2-5447.

137 (*extremo
izquierda*) Viejo
jorobado con bastón
de caña, parado
sobre una serpiente
bicéfala. Barro.
Jalisco. Alt.: 42 cm.
Clásico. Cat. 2-1345.

138 (*izquierda*)
Mujer desnuda
y arrodillada. Barro.
Nayarit. Alt.: 71 cm.
Clásico. Cat. 2-5866.

139 Mujer sentada
en un banco. Barro.
Nayarit.
Alt.: 56 cm. Clásico.
Cat. 2-4932.

140 Máscara
con rasgos humanos
esquematizados. Piedra.
Mezcala. Alt.: 18 cm.
Clásico. Cat. 2-4996.

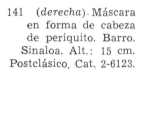

141 (derecha). Máscara
en forma de cabeza
de periquito. Barro.
Sinaloa. Alt.: 15 cm.
Postclásico. Cat. 2-6123.

142 Mujer
con escarificaciones
en los hombros. Barro.
Jalisco. Alt.: 40 cm.
Clásico. Cat. 2-4816.

143 (derecha) Maquetas
de templos esquema-
tizados. Piedra. Mezcala.
Alt.: 12 y 15 cm.
Clásico.
Cat. 2-4992, 2-4993.

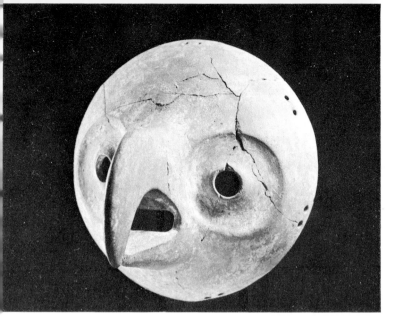

171

144 *(arriba)* Vasija con asa de estribo y vertedera. Barro. Tzintzunzan, Michoacán. Alt.: 22 cm. Postclásico. Tarascos. Cat. 2-6112.

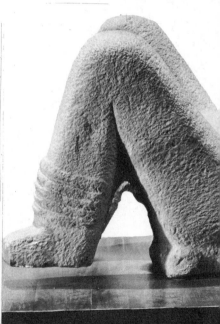

145 Máscara del dios Xipe Totec. Cobre. Tzintzuntzan, Michoacán. Alt.: 13 cm. Postclásico. Tarascos. Cat. 2-4263.

146 (*extremo izquierda, abajo*) Escultura representando un coyote. Piedra. Tzintzuntzan, Michoacán. Alt.: 53 cm. Postclásico. Tarascos. Cat. 2-6466.

147 (*abajo*) Chacmol de Ihuatzio, Michoacán. Piedra. Long.: 157 cm. Postclásico. Tarascos. Cat. 2-6465.

LA ETNOGRAFIA DE MEXICO EN EL MUSEO

Unos cuatro millones de indígenas viven aislados, en pequeñas aldeas y rancherías, formando parte de la población rural mexicana. Continúan cultivando sus milpas de maíz, chile, fríjol y calabaza mientras tejedoras y alfareras fortalecen las artesanías. El gobierno está en manos de ancianos o jóvenes progresistas, en tanto su vida presente queda ligada más al pretérito y a lo sobrenatural.

Durante la conquista y colonización española llegaron espadas y cruces, santos y machetes, al igual que la caña de azúcar, el trigo y el arado. Asimismo, los nativos conocieron ovejas y cerdos como el bautismo y el sistema de compadrazgo. En muchos casos, estos elementos constituyeron, desde entonces, rasgos fundamentales en la vida indígena.

Las exhibiciones de la etnografía de México ocupan la planta alta del Museo. Se trata de diez amplísimas salas que varían en estructura y tamaño debido al diferente volumen y contenido de los materiales en ellas presentados.

Por otro lado, cabe suponer que no se muestran las obras de todos los grupos indígenas existentes en México. En la propia planeación del Museo hubimos de limitarnos a exponer lo más representativo de ciertas áreas naturales y culturales. Sin embargo, la ausencia de una sala dedicada a los aztecas o mexicanos modernos obedeció a otra causa: la gran dificultad técnica para ofrecer la etnografía del grupo más numeroso del país, mucho más de medio millón de individuos diseminados en doce Estados.

Como se verá más adelante, en cada sala se presentan dos o más núcleos emparentados étnica y lingüísticamente, o bien aquellos que comparten una región y, aun, el mismo ambiente geográfico. Asimismo, en todas las salas, se encuentran mapas y fotografías respecto a la ubicación, al medio ambiente

174

y al tipo físico; descripciones someras sobre los antecedentes históricos y el señalamiento de ciertos hechos socio-económicos por los cuales estos grupos aborígenes resultan «singulares». La exhibición de sus efectos culturales, es decir, sus productos materiales, prueban ampliamente lo acertado del juicio anterior.

Desde el siglo pasado, los cultivos comerciales, las instituciones educativas, las carreteras y el intercambio social han venido transformando las características culturales de los indígenas mexicanos haciéndoles participar cada vez más en la vida nacional.

En la actualidad, los indígenas reconocen un centro político, social y ceremonial —la actual Cabecera Municipal— en donde están la iglesia, una o varias tiendas y casas de mestizos, la escuela, un sitio para el mercado, las chozas de sus dirigentes políticos y religiosos y algunas oficinas para servicios públicos.

La población aborígen tiene muchos rasgos físicos en común, como son: el color oscuro-amarillento de la piel, el cabello negro, grueso y lacio, lo oblicuo de los párpados, los ojos color café, así como labios gruesos, nariz ancha y dientes fuertes y blancos. Sin embargo, conservan caracteres que los diferencian. Así, los seris y yaquis, en el noroeste, son altos y de piernas largas; los mayas y los de Oaxaca se distinguen por su cabeza ancha y las extremidades cortas; y los nahuas y otomíes son bajos de estatura y de torso muy desarrollado.

La etnografía presentada en el Museo es parte fundamental de la realidad mexicana. Constituye sus raíces y, al mismo tiempo, su tronco y sus frutos. Resulta imagen parcial del mexicano y, como tal, la exhibimos.

Sala introductoria a la etnografía de México

Lo expuesto aquí es tesis y síntesis de lo exhibido en cada una de las varias salas. Se trató de presentar, con objetos e ideas escritas, las homogeneidades y diferencias en la cultu-

175

ra indígena de México, así como los modos de conducta que dan sentido a su vida.

Así, el primer espacio de la sala ofrece fotografías correspondientes al tipo físico mientras mapas, pinturas murales y grabaciones son utilizados para la localización geográfica e identificación cultural y lingüística.

En seguida, amplias vitrinas contienen algunos de los textiles, vestidos, colorantes y adornos usados en la actualidad, juntamente con dibujos que ilustran peculiaridades de la indumentaria en diferentes momentos de la historia colonial e independiente.

Sucesivas unidades museográficas, como son la escena de figuras femeninas hilando y tejiendo, las maquetas de los varios tipos de chozas, casas y solares, y un gigantesco granero llaman la atención del visitante por el colorido, la habilidad en la ejecución y lo espectacular, respectivamente. En derredor de estos conjuntos, nuevas vitrinas muestran los implementos para el trabajo agrícola y artesanal al igual que multitud de recipientes de barro, según variadas formas y colores.

Las tradiciones aborígen y colonial se observan en los diversos utensilios y herramientas empleados, así como en los productos obtenidos. Telares de «cintura», husos o *malacates* y ruecas, al igual que arados, machetes y *coas* o palos sembradores muéstranse en asociación con blusas o *quechquemitl,* huipiles, «enredos», naguas, el fogón de tres piedras, cucharas, platos, cajetes y el *comal* o disco de barro para cocer las tortillas de maíz.

Asimismo, algunas supervivencias del hombre prehispánico son presentadas en sus efectos, con sus signos peculiares y sus símbolos singulares. Figuras ataviadas con vestimentas especiales forman escenas acordes a hechos mágicos, características religiosas o naturalezas políticas. Por ello, plumas, discos votivos, collares, flechas divinas, cruces y objetos sagrados, bastones de mando y ciertos instrumentos musicales permiten valorar la vitalidad de algunas creaciones humanas tanto como la sustitución o amalgama de otras.

Las celebraciones a las imágenes del santoral católico y aquellas realizadas, desde tiempos precolombinos, en recuerdo a los familiares difuntos, ocupan espacios convenientes en esta sala. Túnicas, capas bordadas, incienso, velas, cruces, cuadros y diversidad de ofrendas, particularmente los «panes de muertos», proclaman el sincretismo en la concepción idealista o material de la propia existencia.

Sala de coras y huicholes

Cerca de los límites de los estados de Jalisco y Nayarit habitan unos 15 000 descendientes de los antiguos coras y huicholes. Lo agreste e inhóspito del territorio ha permitido que miles de ellos conserven sus modos ancestrales de vida. Los huicholes expresan el mayor número de rasgos prehispánicos, especialmente en los aspectos mágicos y religiosos, rodeados de gran hermetismo y secreto.

Dedicados ambos a la agricultura, producen maíz para su subsistencia; pero sólo los coras aprovechan algunos pastizales, para mantener el ganado bovino y lanar, los frutales, y las plantaciones de agave para producir textiles y elaborar mezcal, disponiendo así de una fuente de ingresos. Este hecho ha ocasionado que los coras demuestren mayor inclinación al trato con los mestizos, que el comercio ambulante sea bien ejercido y que su integración a la vida rural sea más factible.

Por otro lado, los huicholes viven más aislados geográfica y socialmente, sus contactos con los mestizos son escasos y, por ende, su configuración socio-cultural es de tipo cerrado. Numerosas fotografías y mapas en colores ilustran el ambiente y localización geográfica, el tipo de asentamiento y la organización territorial de ambos grupos.

Por lo general, los pequeños poblados coras y huicholes se encuentran en las mesetas y en uno que otro valle; en los crestones y picos montañosos conservan sus cuevas y adoratorios, dedicados especialmente al culto de los fenómenos naturales, a los animales, a sus arcos, flechas y discos votivos.

177

El tipo predominante de vivienda es el constituido por chozas con paredes de barro y techos de zacate, aunque entre los coras la casa rectangular con muros de piedra o adobes es bastante común. Entre los huicholes, la cocina y la troje para guardar el maíz forman construcciones aparte.

El colorido en la vestimenta huichol constituye su rasgo característico. Las mujeres portan enaguas y camisas de algodón, profusamente bordadas con estambres de varios colores; sus fajas de lana son también bordadas; y como adornos llevan aretes y collares de chaquira o de cuentas. Los hombres usan calzón y camisa blanca de algodón, igualmente bordados con estambres rojos y azules; el imprescindible morral puede ser de lana o de algodón pero siempre bordado, representando grecas o figuras muy estilizadas de animales; el sombrero de palma, con adornos de plumas y cintas de colores, completa el atuendo masculino. Cabe observar que los considerados como curanderos llevan semejante indumentaria, aunque sus sombreros muestran mayor número de plumas y de cintas.

Fig. 156

Respecto a la vida social hay familias huicholes que viven alrededor de su oratorio pagano *(riquiri)* o en asentamientos mayores que tienen un centro ceremonial *(calhíwey)*. Su organización política está íntimamente ligada a los sentimientos y prácticas mágico-religiosas. Algunos de los curanderos, adivinos e individuos profundamente místicos tienen como responsabilidad la elección de las nuevas autoridades, luego de entrar en «trance», bajo los efectos del consumo abundante de *peyote,* mezcal y *sotol* (bebida embriagante). La vida francamente religiosa gira en derredor del *calhíwey* y del templo católico. El sincretismo se observa en la equiparación de la estrella de la mañana (Venus) con Jesucristo, y el Sol y la Luna con ciertas imágenes católicas. Por lo demás, casi todos los fenómenos naturales poseen esencias sagradas y su fuerza divina es ampliamente reconocida. Flechas, escudos, discos y jícaras constituyen objetos altamente poseedores de fuerza sobrenatural, que «actúan» como intermediarios entre los

Fig. 153

hombres y los dioses. Una construcción especial se levanta en la sala para escenificar ese mundo mágico-religioso, e instalaciones de sonido reproducen rezos, letanías y cantos sagrados. Entre las ceremonias más importantes de los huicholes debemos considerar la realizada al *peyote*. A este cactus, metafóricamente llamado Flor, se le considera relacionado con el maíz y con el venado; creen que el peyote, originalmente, fue venado y éste, a su turno, convirtióse en grano de maíz. Siendo el maíz la base de su alimentación, el culto al *peyote* considérase necesario para obtener una buena cosecha.

Sala de los tarascos

Michuaque, lugar de pescados, es el nombre que los aztecas dieron al territorio habitado por los tarascos. El area equivale a la meseta, en la extensa zona central del actual estado de Michoacán y comprende las regiones de la sierra, el lago y la cañada.

La sierra, conformada por montañas y planicies y cubierta por coníferas, es la más extensa; la región lacustre, al centro de la meseta, queda constituida por el lago de Pátzcuaro y sus pintorescas islas; y la cañada es un estrecho valle formado por dos cordilleras que corren de noroeste a sudoeste. Mapas, esquemas y grandes fotografías ilustran estas regiones.

La población indígena suma unos 60 000 habitantes, siendo la mayor parte bilingüe de tarasco y español. Varias fotografías muestran las diferencias en el tipo físico.

No se conoce con precisión el origen de este grupo, pero consta que, en la época prehispánica, constituyó un poderoso señorío contemporáneo de los aztecas, quienes les hicieron la guerra sin conseguir convertirlos en sus tributarios.

Don Vasco de Quiroga, primer obispo de Patzcuaro, intervino intensamente en la vida de los tarascos, organizando a los pueblos alrededor de los «Hospitales» o instituciones que, además de ofrecer atención a los enfermos, funcionaron cual centros de actividad de tipo comunal. En este sentido, don

179

Vasco fomentó las artesanías existentes e introdujo otras con el afán de proporcionar mayores recursos sociales y económicos a los nativos. Breves cédulas describen lo singular de la historia colonial en este jirón del territorio mexicano.

En la actualidad, la agricultura es la labor económica más importante de los tarascos, pero insuficiente para su subsistencia; por esto, la complementan con la pesca y con los ingresos del comercio artesanal, tales como las lacas de Quiroga, las guitarras de Paracho, la cerámica de Eronguarícuaro, los objetos de cobre de Santa Clara, los utensilios en madera de Pichátaro y los artículos en cuero de Chilchotla, además de producir sombreros de palma, sarapes de lana, rebozos, redes de pesca, tejas, etc. Son numerosos los talleres familiares y algunos tienen instalaciones tales que requieren de maestros, oficiales y aprendices. En la sala exhíbense casi todas estas artesanías y, especialmente, una obra excelsa del arte plumaria, labor ya no practicada.

La explotación de los recursos forestales también es actividad económica entre los tarascos del altiplano. El material de la pintoresca «troje» —llamada así la vivienda de la sierra—, es enteramente de madera, desde las bases hasta los techos, y la construcción tiene un portal con columnas y dinteles artísticamente labrados que sirve como antesala al cuarto principal. En las otras dos regiones las casas son de piedra o adobe con techos de teja. La reproducción en la sala de un «troje» a tamaño regular resulta francamente muy ilustrativa, así como los diversos tipos de redes para pescar utilizadas por los tarascos de la porción lacustre.

Por lo que se refiere a la organización social y política de los tarascos, tiene antecedentes en las formas que los religiosos introdujeron durante el siglo XVI. Así tenemos que en muchos de los poblados de la sierra existe, todavía, la tradicional *guatapera* o centro de acción y planificación de las obras comunales. Aquí, reunidas las autoridades legales, las tradicionales y las gentes «principales», discuten los problemas y las posibles soluciones a los mismos, realizan sus reuniones so-

cf. Fig. 150

Fig. 151

ciales y las festividades, y es el lugar donde se imparte justicia. Los Comisarios Ejidales y las Agencias Municipales son agregados, posteriores en el tiempo.

El sincretismo de los rituales cristianos y las formas nativas es la característica de sus prácticas religiosas y de sus fiestas. En los días que conmemoran a los difuntos, en la isla de Janitzio, puede verse la mezcla de expresiones católicas y paganas en el proceso de su realización. Las danzas de los «Viejitos» y los «Pescadores», así como la música, son muestras de la interpretación plástica del mundo físico y socio-económico de los tarascos.

Fig. 149

Sala de los otomíes

Leyendas y mitos del México prehispánico refiérense a los otomíes como cazadores y recolectores. El término *otomitl,* voz nahuatl, significa foráneo o nómada;· pero lingüísticamente se ha comprobado que varios grupos que hablaron, y aun hablan, lenguas otomangues, emparentadas entre sí, han debido tener asentamiento muy antiguo.

En la sala se ilustran, a base de fotografías, los ambientes físicos ocupados por los núcleos principales: 160 000 otomíes en las mesetas y serranías del estado de Hidalgo; 5000 chichimeco-jonaz y pames en las sierras de San Luis Potosí y Guanajuato; unos 70 000 mazahuas y 30 000 otomíes en valles y altiplanos del estado de México; y unos 10 000 en Querétaro. Los de la sierra norte de Puebla se exhiben en la sala correspondiente.

La primera unidad museográfica está constituida por una escena que trata de mostrar el alto grado de adaptación al medio, casi dramático, logrado por los otomíes del valle de El Mezquital. La aridez pronunciada de los suelos procura escasísimos recursos, y el exhaustivo aprovechamiento del *maguey* (agave) puede ser observado por el visitante en la utilización que hacen de su jugo (agua, miel y *pulque*) y partes de las pencas y del tronco, como alimento cotidiano, su

181

uso para la construcción de chozas y como combustible, y el empleo de las fibras *(ixtle)* en la confección y manufactura de muchas y diferenciadas clases de hilados y tejidos.

Dado lo anterior, en sucesivas vitrinas se presenta el instrumental necesario para la elaboración de *ayates* o bolsas, mantas, blusas, cordeles y sogas, así como estos mismos productos, según diversas formas, acabados y colores. Estas exhibiciones quedan asociadas a los tejidos de lana (sarapes, camisas, fajas, etc.), a los conjuntos de ollas, jarras y otros recipientes de barro, al igual que a los cestos de bejucos y a los objetos de carrizo.

Los pames de San Luis Potosí quedan tan sólo representados por algo de su burda cerámica y sencillo mobiliario, acompañados por algunos objetos de madera y utensilios de trabajo. En verdad se trata de un núcleo étnico que está perdiendo sus características culturales distintivas.

La siguiente sección de la sala introduce a los mazahua, habitantes en los valles y montañas de Ixtlahuaca y Atlacomulco. La primera unidad museográfica corresponde a la réplica exacta de uno de sus oratorios familiares. Estas construcciones se levantan, por lo general, en los propios campos de cultivo y constituyen los sitios más favorecidos para el culto religioso. Figuras femeninas con vestimentas tales como las enaguas de manta o tafeta, los enredos de lana tejida, las blusas de popelina y los primorosos *quechquemitl* o cubiertas de lana ilustran la indumentaria de mazahuas y otomíes de esas latitudes. Otras figuras escenifican las labores de hilar y tejer. Algunas vitrinas adosadas a los muros contienen, además, buen número de coloridos *quechquemitl*, fajas o cinturones de lana, instrumentos musicales y de trabajo, y ejemplares de cerámica (ollas, jarros, cazuelas) mazahua y otomí.

La pesca en lagunas y lagunetas, actividad a la que se dedican algunos mazahuas y otomíes en ciertas épocas del año, se presenta en una escena formada por la red circular de *ixtle* y la fisca larga de punta aguda, para pescar charales y truchas, respectivamente.

Fig. 154

La sala termina con nuevas vitrinas mostrando algunos productos artesanales de los otomíes de la sierra de Querétaro. Entre ellos figuran bellos *quechquemitl* cuyo uso está a punto de desaparecer, dada la suficiente integración de este grupo étnico-lingüístico a la cultura nacional; también se exhiben vasijas de barro y fotografías de actos religiosos.

La Sierra Norte de Puebla

Dispersos en unas cincuenta municipalidades, en la comarca de Sierra Norte de Puebla, habitan alrededor de 150 000 ndígenas que hablan cuatro lenguas: nahuatl (y su variedad dialectal, nahuat), totonaco, otomí y tepehua. El mayor número está constituido por unos 70 000 nahuas y unos 40 000 totonacos. Hay varios municipios en los que coexisten hasta tres de los mencionados grupos indígenas, razón por la cual se observa en toda la región cierto nivel de homogeneidad cultural. Buena porción de la zona formó parte del antiguo Totonacapan que, después de su desintegración, fue invadido por los grupos mexicas conquistadores del Altiplano Central.

Geográficamente la población indígena está localizada en la región correspondiente a la Sierra Madre oriental. En las partes más altas predomina el grupo de origen nahuatl que vive del cultivo del maíz, del peonaje agrícola y, en alguna medida, de la manufactura de cerámica y de la fruticultura —durazno, manzana, pera— así como de la crianza de ganado ovino y la utilización consecuente de la lana para la confección de prendas de vestir.

En las zonas subtropicales (con alturas aproximadas que van de los 1400 a los 300 m sobre el nivel del mar) habita la mayor parte de los indígenas. Una vegetación verde, la mayor parte del año, es el resultado de lluvias y humedad constantes que, a su vez, favorecen dos cultivos anuales de maíz, fríjol y calabaza y la explotación del café, caña de azúcar y cacahuete, así como frutos tropicales.

Los cuatro grupos étnicos presentan muchos rasgos culturales comunes tales como: las chozas de troncos y lodo con
techo de zacate o teja de barro, y las casas de piedra y teja;
la utilización de tapancos y trojes pequeñas; el uso del te-
mazcal para fines de limpieza, rituales y terapéuticos; la
indumentaria y adornos femeninos de tradición no occiden-
Fig. 157 tal, algunos de ellos (enredos, *quechquemitl*, ceñidores, ca-
Fig. 155 misas bordadas, *tochomites* o cordones multicolores para el
pelo) hechos en telares de cintura, y en el hombre cotones
y calzón blanco de manta así como la *coa* o palo sembrador.
Igualmente hay similitudes en prácticas tales como la fabricación de papel de corteza *(amate)* para fines ritualísticos
y de brujería (aunque privativo de los otomíes es usado por
otros grupos); la presencia de *topiles* o «semaneros», ayudantes de las autoridades; la persistente organización de la ma-
yordomía como parte de un sistema de cargos religiosos; y
el empleo de técnicas shamanísticas tanto para la curación
como para el daño personal (brujería).

Además, existen homogeneidades en las creencias respecto
a un alma o doble —sombra, *tona*, espíritu—, así como en la
referente a la posibilidad de que un individuo se convierta
en pájaro nocturno para alimentarse de sangre humana. También hay similitudes sobre la creencia en los «aires», como
dueños de los cerros, que pueden provocar maldades a los
vivientes, por lo que surge la necesidad de ofrendarles en
cerros, cuevas y barrancas; y en la presencia de algunas manifestaciones de un folklore, tanto de origen prehispánico
como europeo; danzas de Voladores, Guaguas, Quetzales, Negritos, Santiagueros, Moros y Cristianos, Tocotines, Toreado-
res, Acatlaxques, Matlachines, etc.

Sala de Oaxaca

La actual etnografía de Oaxaca presenta diversas formas
sociales y culturales que caracterizan a los habitantes de esa
región. La complejidad geográfica, los distintos grupos lin-

güísticos que allí viven y las variadas manifestaciones materiales han permitido, en términos etnográficos y museográficos, subdividir las exhibiciones de la gran sala de Oaxaca en tres «áreas culturales» y otras tantas secciones: 1) zapotecas y huaves; 2) Grupos del norte (chinantecos y mazatecos); y 3) la mixteca.

Actualmente existen unos 800 000 habitantes de idiomas indígenas en Oaxaca, siendo el mixteco el hablado por el mayor número: cerca de 300 000. Le sigue el zapoteco con unos 250 000; el mazateco, alrededor de 100 000; el chinanteco y el mixe con 50 000 hablantes cada uno; otras más completan la cifra total.

Para la construcción de casas y chozas, entre los indígenas de Oaxaca, la ayuda física de vecinos y familiares es siempre buscada y obtenida. En todas las chozas el mobiliario es pobre y escaso. Bancos rústicos de madera, redes de *ixtle* para guardar cosas, cestos y *tenates* de palma, cántaros de variadas formas y tamaños, y *petates* o *tapextles* para dormir forman el ajuar doméstico; además, hay *metates* de piedra, cajetes, *comales* y ollas de barro, *jícaras* y calabazos.

Figs. 161, 158

En relación a la vida económica, los hombres son agricultores, sembrando y cosechando principalmente maíz para la subsistencia diaria. Otros, sin embargo, al disponer de mejores tierras, o por haber estado más en contacto directo con la población mestiza y la sociedad nacional, siembran caña de azúcar y trigo como productos comerciales. Los cafetales son comunes en las sierras Zapotecas, entre los mazatecos y en partes de la Chinantla donde, además, se produce tabaco y arroz. En los pequeños valles de la Mixteca Alta y Baja hay trigo, e igualmente en los valles centrales zapotecos que, durante largo tiempo en la época colonial, fueron considerados los graneros oaxaqueños. Mucho chile es producido en la sierra Zapoteca del norte y en la Mixteca Baja mientras en Tehuantepec la pesca, el cacao, la ganadería y el comercio constituyen los renglones económicos más importantes.

Fig. 165

Por lo que se refiere a los aspectos comerciales, los zapotecas tienen un sistema a base de circuitos territoriales de *tiánguis* o mercados. Esto permite un constante intercambio de productos agrícolas y de la artesanía local y regional, además de ofrecer oportunidades para el desarrollo de más íntimas relaciones sociales y diversas formas de recreación.

La habilidad que los antiguos habitantes de Oaxaca tenían *Fig. 148* para la confección de ricos tocados y vestimentas está, todavía, presente. Así, pueden ser admirados los singulares ves*cf. Fig. 152* tidos de las mujeres de Yalalag y Tehuantepec o los tejidos de coloridas fajas y blusas bordadas de Jalieza y San Antonino, respectivamente. Además, los sarapes y cobijas de lana, elaborados por los hombres de Teotitlán del Valle, constituyen representaciones del actual interés económico y del sentido artístico de los zapotecas. En cuanto a la artesanía en barro, son internacionalmente famosas la cerámica vidriada de Atzompa y la gris y negra de Coyotepec.

Las familias indígenas de Oaxaca consideran ahora el parentesco tanto por la línea materna como por la del padre, aunque se da mayor importancia a la última. El tipo de residencia acostumbrado es que la mujer viva cerca de la casa de sus suegros; pero, el joven marido tendrá que dar cierta ayuda física a los familiares directos de su mujer y aun residir por algunos meses con ellos. La petición de una muchacha en matrimonio es asunto muy serio, del cual se encargan los «pedidores» *(Huehuetlacas o Chigoles)*. El matrimonio entre parientes consanguíneos y entre aquellos espirituales (compadres y ahijados) son las únicas restricciones que se respetan. La *guelaguetza* o ayuda recíproca, en dinero o en especie, es común entre los zapotecos para la celebración de matrimonios, velorios y mayordomías.

Los padrinos son elegidos entre personas consideradas respetables, sean o no familiares. Las relaciones de gran respeto que se establecen entre los padres y estos nuevos parientes llegan a ser tan importantes que, en la región chinanteca por ejemplo, realizan una ceremonia especial conocida como «lavar las manos del compadre».

En cuanto a la función de las estructuras religiosas y políticas, los miembros o componentes realizan regularmente ceremonias y ritos públicos y privados. La música, las danzas y los disfraces son elementos casi imprescindibles. La toma de posesión, «Cambio de Varas» o «Aseguramiento de las Autoridades», las fiestas anuales a los Santos Patronos y a otras imágenes del culto católico y, aun todavía, la ejecución de ritos paganos, particularmente en la agricultura, representan momentos culminantes para la cohesión o sentido de pertenencia de los indígenas a «su tradición cultural».

Sala de las culturas del Golfo

Los tres grupos representados en esta sala, huastecos, nahuas y totonacos habitaron desde época precolombina el área de la costa del Golfo de México. De los huastecos se conservan numerosas esculturas que representan diversos personajes y dioses mientras que de los totonacos, además de sus representativos «yugos» y «palmas», quedó la magnífica y extraña pirámide de El Tajín.

Se calcula que en la actualidad —incluyendo a los núcleos en la Sierra de Puebla— hablan el idioma totonaco alrededor de 90 000 personas. En esta sala se presentan algunas expresiones culturales de los habitantes de El Tajín y Papantla.

Su economía está basada principalmente en el cultivo de la vainilla, la caña de azúcar, el maíz y algunos frutales. También practican la pesca, aunque en pequeña escala; en la sala se muestran dos tipos de redes: la atarraya y la de «cucharón», ya representada en los antiguos códices.

Por la manufactura de algunos textiles se han destacado las mujeres totonacas. Ellas saben hilar el algodón, que después usan para tejer paños y servilletas en el antiguo telar de cintura. La vitrina donde se exhibe la indumentaria muestra las prendas más características de la mujer: su *quechquemitl* de gasa, su faja y su falda bordada en punto de cruz con brillantes y vivos colores.

La sección dedicada a los totonacos muestra, además, aspectos de su cultura como es la casa-habitación que construyen aprovechando los materiales que el habitat proporciona. Generalmente las chozas tienen forma cuadrangular, con pisos de tierra y tablas o bambú como paredes; dentro de cada una se encuentra siempre un altar con santos, veladoras y flores; el día dedicado a los difuntos este altar se ve lleno de ofrendas (*tamales, aguardiente, ropa, etc.*) para las ánimas que «vienen» a visitar a sus deudos. Otros elementos importantes de la actual cultura totonaca, como son la música y la danza, también son presentados en la sala.

Algunos rasgos peculiares de la cultura de nahuas y huastecos están representados en la segunda sección de la sala. *Fig. 162* Así, por ejemplo, se exhiben objetos elaborados con *zapupe*, agave de cuyas pencas se extrae una fibra fina para hacer morrales, cinturones y reatas que los huastecos de Veracruz trabajan en forma artesanal desde hace cientos de años.

Fig. 159 Otra artesanía exhibida es la alfarería que conserva técnicas muy primitivas para su manufactura. En Chililico, po-
Fig. 160 blado de habla nahua enclavado en la huasteca veracruzana, se fabrica una cerámica muy característica, modelada a mano, pintada en color claro y decorada con motivos florales en color café. Los huastecos poseen variedad de instrumentos musicales de origen europeo y autóctonos. Entre los primeros se exhiben arpas, guitarras y violín; y entre los de origen prehispánico se muestran pequeños tambores, sonajas, flautas de carrizo y un *teponaxtle*.

Tanto en sus danzas como en el vestir los huastecos han sido conservadores. Las mujeres usan bellos trajes formados por un enredo atado a la cintura y un *quechquemitl* bordado con hilos de colores; complementan su atuendo con un extraño peinado que lucen a manera de tocado; éste lo hacen entretejiendo el pelo con gruesos estambres.

Cierra la sala un pequeño altar, mostrando flores y comidas, que representa parte de la ceremonia huasteca realizada *Fig. 163* para dar gracias por el maíz nuevo.

188

Salas mayas

Uno de los grupos indígenas más numeroso del continente americano es el constituido por los hablantes de lenguas mayances. Todos ellos son, en una forma u otra, descendientes de los creadores de la extraordinaria civilización maya. Tal como en la época prehispánica, los mayances ocupan en la actualidad dos grandes regiones naturales: las Tierras Bajas y las Altas. En la primera viven, aproximadamente, unos 30 000 chontales de Tabasco, 200-300 lacandones, 40 000 choles de Chiapas y unos 400 000 mayas de Yucatán, Campeche y Quintana Roo; mientras en los Altos de Chiapas, 100 000 tzotziles, 60 000 tzeltales, 30 000 mames y 15 000 tojolabales constituyen los grupos mayoritarios.

En las salas del Museo se presentan ambos ambientes geográficos, utilizando fotografías y pinturas murales; y las más significativas manifestaciones culturales son exhibidas en vitrinas, dioramas y representaciones al natural. Así, de todos se muestran sus chozas, vestidos e instrumentos de trabajo, tanto como algunas expresiones del mundo mágico y del ceremonial religioso. Por otro lado, las cédulas explican hechos históricos, demográficos, sociales, económicos y políticos.

La primera unidad museográfica muestra algo de los chontales en cuanto a su choza de palos y techo de palma, el escaso mobiliario y los pocos utensilios domésticos. Una gran fotografía ilustra un sitio de pesca, y máscaras festivas informan de su vida ceremonial.

Inmediatamente después, se presenta a los lacandones quienes constituyen, probablemente, el núcleo más «primitivo» de México. Organizados tribalmente y marginales en todos sentidos, viven en las selvas y bosques tropicales cambiando de lugar, constantemente, sus sencillas chozas y los campos de cultivo. Dos maniquíes muestran los vestidos de corteza de *majagua* y las túnicas de manta, mientras el maíz *Fig. 167* y el tabaco reflejan su actividad agrícola. Por ello, en vitrinas adecuadas se exhiben estos productos, sus útiles domés-

189

ticos y de labranza, además de los arcos, flechas e instrumentos musicales que les fueron peculiares. En una sección aparte, se representa parte de la ceremonia del *balché* (bebida embriagante y de poderes mágicos), que se completa con una grabación de los cantos y rezos de su ritual.

Luego son exhibidas algunas expresiones culturales de los choles, particularmente en lo que se refiere a su indumentaria. Lo presentado es escaso, desafortunadamente, dado lo poco que se sabe sobre sus formas de vida actuales y pasadas.

La siguiente sección etnográfica corresponde a los mayas de Yucatán y Campeche. Una típica casa, de piedras y techo de palma, en tamaño natural, muestra la variedad de utensilios y los diversos diseños y colores en los *huipiles,* así como

Fig. 168 la figura de una mujer tejiendo fibras de henequén; cerca y al frente aparecen la propia planta, fotografías del proceso ya mecanizado de la transformación, los productos obtenidos: bolsas, morrales, hilos, cuerdas, sogas, reatas, pañuelos y zapatillas y las piezas singulares de su joyería en oro.

El diorama que ofrece, con gran precisión, la ceremonia pagana a la lluvia *(Cha-Chac),* para obtener el codiciado maíz, interpreta la ansiedad manifiesta en muchos aspectos de la vida de los mayas.

La sala a continuación presenta a los grupos de los Altos de Chiapas. Tzotziles y tzeltales son tratados juntamente, pues sus formas sociales y cultura les corresponden a un patrón general y común a toda el área. Sin embargo, hay variantes tan sutiles que las diversas unidades museográficas muestran sombreros, artesanías en barro y madera, vestidos y adornos en profusión, indicando en qué consiste la singularidad.

La escena que representa el *tianguis,* formada por 16 figu-
Fig. 170 ras vistiendo la diferenciada indumentaria actual, correspondiente a otros tantos municipios, es de gran atractivo.

Por otro lado, la maqueta que ilustra un solar chamula ofrece la síntesis de la vida doméstica. En otros extremos nuevas figuras con vestidos y adornos especiales dan a cono-

cer al visitante los atuendos en las bodas y las vestimentas y disfraces de las grandes celebraciones, como son los cambios de autoridades religiosas y políticas, las festividades de Carnaval y las ceremonias a las imágenes del santoral católico. Fig. 171
La sala termina con las unidades relativas al culto de la cruz, a una interpretación en pintura mural del mundo mágico de los mayas de los Altos, y al altar doméstico usado por mames y tojolabales. Cabe advertir que, de estos dos grupos mayances no se dispone de materiales etnográficos; pero estudios y adquisiciones, dentro de los programas de rescate que ha emprendido el Museo, harán posible nuevas y amplias exhibiciones.

Sala del noroeste de México

En términos políticos y geográficos, el noroeste de México comprende la península de Baja California, el estado de Sonora, la parte central y occidental de Chihuahua y el norte de Sinaloa. El desierto, la planicie costera y la sierra determinan la fisonomía de esta amplia región, al mismo tiempo que dan un cariz particular a las culturas indígenas.

De entre los varios grupos que habitan el área, en esta sala se presentan tres: seris, tarahumaras y yaquis. Ellos quedaron al margen de la civilización mesoamericana y vivieron fundamentalmente de la recolección, la caza y la pesca; posteriormente, los yaquis conocieron la agricultura y la cerámica. La guerra y el exterminio caracterizaron sus primeros contactos con el hombre blanco, aunque las evangelizaciones jesuita y franciscana dejaron huella imborrable en las actuales formas culturales.

Los seris, que habitan dos pequeñas localidades de Sonora, constituyen uno de los núcleos más reducidos; apenas llegan a 300. Aspectos importantes de su cultura son: una economía de cambio, basada en la pesca de la tortuga de mar; la cestería, muy semejante a la de los grupos del sudoeste de Estados Unidos; la pintura facial femenina, de la cual se pre- Fig. 166

sentan en la sala los diseños más característicos; y algunos rasgos del mundo mágico, como son la ceremonia de la pubertad y los juegos rituales con palitos.

Los tarahumaras, en número aproximado a 50 000, habitan la región conocida como sierra Tarahumara. Los pobladores de los elevados valles se caracterizan por la agricultura de roza, por la amplia variedad de usos que le dan a la madera, y por la elaboración de prendas de vestir de lana. Por otro lado, formas peculiares a su vida en las profundas barrancas, adonde se desplazan durante el invierno, estarían representadas, entre otras, por las cuevas naturales usadas como viviendas, las artesanías de palma y la dieta modificada que incluye chiles, cebolla y jitomate.

En el mundo ceremonial de los tarahumaras revisten singular importancia la presencia de curanderos especialistas en el culto al *peyote* y los sacrificios rituales de ganado mayor, acompañados de danzas y cantos de origen colonial unos y prehispánicos otros. Fotografías en color y algunos objetos usados en esas ocasiones son presentados en la sección correspondiente.

Por último, los yaquis, grupo representativo de la cultura de la planicie costera, están congregados en ocho pueblos localizados en una superficie aproximada de 540 000 hectáreas. La población alcanza una cifra cercana a los 12 000, y su cultura gira en torno a su preciado territorio. Así, le confieren un carácter de donación divina y los usos y costumbres de su vida sólo tienen razón de ser dentro de él.

La organización social, política y religiosa de los yaquis tiene su antecedente en la organización que los jesuitas impusieron durante el tiempo que estuvieron bajo su tutela.

Otro aspecto importante de su cultura es la música y la *Fig. 164* danza. Las danzas del *Venado* y los *Pascolas* brillan intensamente en cuanto a plasticidad, dramatismo y destreza. Esculturas en tamaño natural, así como los instrumentos musicales, las máscaras y los adornos singulares usados en las vestimentas son exhibidos apropiadamente.

192

Sala de indigenismo

La última sala de la Sección de Etnografía ofrece una síntesis sobre el proceso de cambio social y cultural en México. Así, a la entrada puede observarse un mosaico fotográfico ilustrando diversas obras de acción indigenista (económicas, educativas, sanitarias, etc.) por las cuales el Instituto Nacional Indigenista trata de ayudar a la integración de varios grupos étnicos a la nación mexicana.

Al frente del mosaico fotográfico, la unidad siguiente expresa llana y dignamente el pensamiento jurídico y filosófico de Benito Juárez quien, como presidente de la república mexicana, encaminó al país por la senda de progreso: El respeto al derecho ajeno es la paz.

La siguiente sección de la sala presenta, según arreglos especiales de exposición, usando fotografías, pinturas y objetos de la producción artesanal, los cambios que han tenido lugar en la cultura y sociedad mexicana a través del tiempo. Por ello muéstranse algunos centros ceremoniales prehispánicos, la antigua catedral de la Ciudad de México y la soberbia arquitectura de la actual Universidad Autónoma. También, reproducciones de pinturas prehispánicas relativas a música, danza, alimentación y hechos guerreros se comparan con fotografías de la Orquesta Sinfónica Nacional y del Ballet Moderno, y cuadros de pintores contemporáneos entre los que destaca Diego Rivera.

Finalmente, en el mundo del arte, obras de poetas prehispánicos son presentadas juntamente con extractos de los más notables poetas mexicanos de la actualidad. La sala termina con un conjunto de objetos de la artesanía popular en el que destacan recipientes de cerámica, de cobre y otros de hojalata, palma y madera.

FERNANDO CÁMARA-BARBACHANO

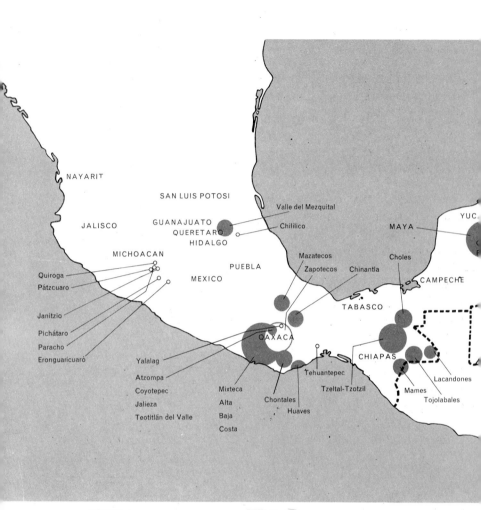

Principales áreas culturales de México.

148 Atuendo de los bailarines de la famosa Danza de la Pluma ejecutada regularmente por los zapotecas del Valle de Oaxaca.

149 Máscara de madera usada en algunas fiestas por los tarascos. Cat. 28377 (63) 20.29-492.

151 (derecha) Pequeño retablo hecho de plumas, mostrando a la Virgen. Obra de artesanía antigua entre los tarascos.

150 Antiguas piezas laqueadas procedentes de Uruapan, Michoacán. Cat. 25455 (63) 20.156g-180, 25667 (61) 20.156g-388.

152 Cuatro trajes de Oaxaca: triqui de Copala, zapoteca del Istmo (traje antiguo), mixe de Cotzocón y chinanteca de Ojitlán.

153 Adoratorio doméstico de los huicholes.

154 El *quechquemitl* y la bolsa son prendas de origen prehispánico, usados por los grupos otomíes.
Cat. 25108 (61) 14.38c-195, 24813 (61) 13.38c-38.

155 (*derecha, arriba*) Blusa bordada a mano usada por las mujeres nahuas de Tlacomulco, Sierra de Puebla.
Cat. 64635 (64) 9.13g 10-850

156 Vestimenta del *shaman* huichol.

157 (*derecha*) Indumentaria de las mujeres nahuas de la Sierra de Puebla.

158 (*arriba, izquierda*) Vasijas de la región mixteca, de Acatlán, Puebla. Cat. 28596 (63) 9.37a 1-527, 28674 (63) 9.37a 1-545.

159 (*arriba*) Cerámica huasteca de Tantobal, Valles, San Luis Potosí. Cat. 67292 (64) 14.36a 1-497.

160 Alfareras nahuas de Chililico, Huejutla, Hidalgo. Hacen un tipo de cerámica muy usado en la región huasteca.

203

161 Mujer chinanteca (de pie), y otra mazateca, de Jalapa de Díaz, batiendo el algodón para después hilarlo.

162 (*derecha*) Tejedora de fibra de *zapupe*, Tantoyuca, Veracruz.

163 (*derecha, abajo*) Escena de la ceremonia del Maíz Nuevo.

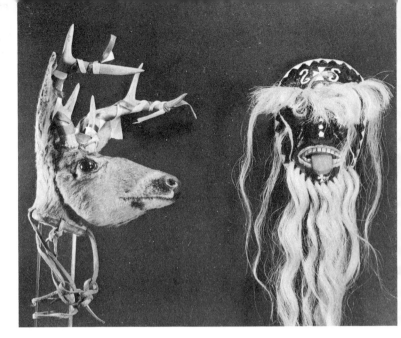

164 El «Venado» y los «Pascolas» son las danzas más representativas entre los yaquis y los mayos de Sonora.
Cat. 26679 (63) 30.31f 7c-64, 33308 (63) 30.31f 7c-166.

167 Mujer lacandona con una parte de su equipo doméstico: telar, jícara, banquito para tortear, burda vasija de barro y un morral conteniendo diversas vasijas de barro y jícaras.

166 Los cestos seris, llamados coritas, tejidos en espiral arrollado, son muy semejantes a los producidos en el sudoeste de los Estados Unidos.
Cat. 34869 (64) 30.08b3-40, 34872 (64) 30.08b3-43, 34887 (64) 30.08b3-58.

165   Red, nasa y tridente utilizados para pescar en los ríos y arroyos de la región chinanteca, en Oaxaca.

168   Mujer maya de Yucatán, ataviada con su *huipil*, tejiendo la fibra de henequén para manufacturar morrales.

169 (*izquierda*) Artesanías populares en barro: el «árbol de la vida» y la sirena, de Metepec, estado de México, vasijas de Tzintzuntzan y Patamban (Michoacán) y piezas en cobre de Santa Clara, Michoacán.

170 (*izquierda, abajo*) Escena que representa las diferentes modalidades en los trajes indígenas de los Altos de Chiapas.

171 Pareja de mayordomos, o encargados del culto a las imágenes católicas, vistiendo la indumentaria característica de Tenejapa.

GLOSARIO

de voces usadas en el texto

Acamapichtli Primer gobernante mexica. 1376 a 1396.

Acatlaxqui Danza que se baila en algunos pueblos nahuas y otomíes de la región de Pahuatlán, Pue. Cada uno de los danzantes lleva un conjunto de carrizos con plumas con el que forman un arco durante el baile.

Aguamiel Savia o jugo del maguey que fermentado produce pulque.

Ah Puch Dios de la muerte entre los mayas. Señor de las tinieblas y de las sequías.

Ahuizotl Octavo gobernante de Tenochtitlán. 1486 a 1502.

Anaranjada delgada Cerámica teotihuacana de paredes muy delgadas, con un baño naranja. Fue producto de comercio.

Asa de estribo Agarradera en forma de arco, hueca, y con un corto cuello o pico en el centro, por donde entra y sale el líquido.

Atarraya Red redonda y arrojadiza, con plomos, usada en algunas regiones para pescar

Atlatl Propulsor o lanzadardos.

Axayacatl Sexto gobernante de Tenochtitlán. 1469 a 1481.

Bacabes Entre los mayas eran seres que sostenían el mundo, colocados en las cuatro direcciones o puntos cardinales. También eran los portadores de años.

Baktún Período de tiempo compuesto de 144.000 días.

Balche Bebida fermentada de la corteza del árbol Lonchocarpus y miel.

Bezote Ornamento que se usaba en el labio inferior. Generalmente era en forma de disco con aletas laterales.

Cabecera Localidad principal donde se asienta el gobierno de un municipio.

Calmecac «Hilera de casas». Escuela donde se preparaba a los hijos de los nobles.

Coatepantli Muro de serpientes.

Coatlicue «La de la falda de serpientes». Diosa femenina de la tierra, madre de los dioses.

Cocijo «Rayo». Dios de la lluvia entre los zapotecas.

Códice Tira de papel indígena o de piel, doblada en forma de biombo y pintada con jeroglíficos y figuras.

Comisariado ejidal Cuerpo de autoridades que tienen a su cargo la administración y dirección del trabajo agrícola y la vigilancia de que no se violen las leyes agrarias en el ejido.

Copal Resina aromática usada como incienso en las ceremonias religiosas.

Coyolxauhqui Deidad lunar; hermana del Sol o Huitzilopochtli.

Cuauhtemoc «Aguila que cayó». Ultimo gobernante de los mexicas en 1521. Defendió tenazmente Tenochtitlán.

Cuauhxicalli Vaso, caja o recipiente para depositar la ofrenda del sacrificio humano, especialmente corazones.

Cueraváperi Diosa creadora, madre de las deidades. Principio femenino en la creación.

Cuitlahuac Décimo gobernante de Tenochtitlán. 1520.

Curicaveri Entre los tarascos era el sol, el fuego y todo lo relacionado con esos elementos. Fue el dios más importante.

Chac Entre los mayas era el dios de la lluvia, y fenómenos relacionados, como el trueno, rayo, etc. Tenía cuatro ayudantes o Chaques.

Chacmol Escultura en forma de un individuo recostado, con un recipiente sobre el vientre, en donde se depositaba el corazón del sacrificado. Simbolizaba al «mensajero divino» que llevaba la ofrenda al Sol.

Chalchiuhtlicue «La de la falda de jade». Diosa del mar y de los lagos, compañera de Tláloc.

Charola o batea de madera Recipiente de forma circular o cuadrangular tallado en madera de una sola pieza, por lo general más an-

	cho en la boca que en la base.
Chicomecoatl	«7 serpiente». Diosa de los mantenimientos entre los aztecas o mexicas.
Chimal-popoca	Tercer gobernante de Tenochtitlán. 1417 a 1427.
Ehecatl	Entre los mexicas era el dios del viento. Se le representaba con una máscara bucal con pico de pato.
Ejido	Las tierras legalmente reconocidas de usufructo individual o colectivo destinadas a la agricultura o ganadería en una comunidad.
Encomendero	En la Colonia, un español a quien se le encomendaban indígenas para su protección y explotación.
Estela	Lápida o tablilla de piedra con figuras e inscripciones jeroglíficas en relieve. Fue común entre los mayas.
Guaguas	Danza en que se coloca en alto una cruz de cuatro palos, a los cuales suben cuatro hombres para hacerla girar. Esta danza, de origen antiguo, se ejecuta en las regiones de Pahuatlán, Puebla, y Papantla, Veracruz.
Hacha votiva	Escultura en piedra con una espiga trasera para ser empotrada. Pueden adoptar formas de cabezas de animales y humanas. Fueron típicas del centro de Veracruz.
Hacha excéntrica	Objetos tallados en pedernal u obsidiana, los cuales adoptan formas caprichosas, entre ellas figuras humanas en silueta. Fueron comunes en la región maya.
Hacha de garganta	Tienen forma petaloide y una ranura para sujetarse o amarrarse al mango. La ranura o garganta puede ser completa o de tres cuartos.
Huehueteotl	«Dios viejo». Deidad del fuego y dios del centro.
Huipil	Especie de camisa larga, sin mangas, que se usó frecuentemente entre los mayas prehispánicos.
Huitzilihuitl	Segundo gobernante mexica, hijo de Acamapichtli. 1396 a 1417.
Huitzilo-pochtli	Dios de la guerra. Ocupaba el séptimo cielo y su color era el azul.

Hunab Kú	Dios único e invisible entre los mayas. El creador de todo lo existente.
Ik	Entre los mayas era el dios del viento. Uno de los días del calendario. Tenía cuatro ayudantes o Iques.
Itzamná	«Rocío del cielo». Dios solar relacionado con los fenómenos celestes. Deidad maya.
Itzcoatl	Cuarto gobernante de Tenochtitlán. Famoso reformador del imperio mexica. 1427 a 1440.
Jícara	Recipiente hecho del fruto del árbol de guaje o jícaro (especie de acacia, calabaza vinatera).
Katún	Período de tiempo compuesto de 7200 días.
Kín	Unidad de tiempo. Sol o señor.
Kukulkán	Pájaro-serpiente. Héroe cultural deificado, equivalente al Quetzalcoatl mexicano.
Macuilxochitl	«5 flor». Dios de los juegos y entretenimientos. Por lo general se le representaba saliendo del caparazón de una tortuga.
Machete	Instrumento agrícola en forma de cuchillo, de hoja de acero, grande y ancha, de mucho peso y de un solo filo, que sirve para desmontar, cortar la caña de azúcar y otros usos.
Majagua	Palabra caribe con que se conoce a un árbol de madera muy fuerte de la familia de las malváceas.
Matachines	Danza de origen colonial, y conocida entre los yaqui, mayo y tarahumara. Varios matachines forman una sociedad ceremonial que baila en ciertas ocasiones religiosas.
Maxtlatl o maxtle	Prenda de vestir semejante a un braguero.
Mictlante-cuhtli	Señor de los muertos y del infierno.
Mixcoatl	«Serpiente de nube». La vía láctea. Dios de la cacería.
Moctezuma I	Quinto gobernante de Tenochtitlán. 1440 a 1469.
Moctezuma II	Noveno gobernante de Tenochtitlán. 1502 a 1520.
Moros y Cristianos	Danza que representa la batalla entre españoles católicos e infieles o paganos.

Municipio Actualmente es una reminiscencia de aquella que se introdujo pocos años después de la Conquista. La subdivisión administrativa más pequeña en que se divide el estado; incluye una o más poblaciones.

Nawal Palabra para designar brujos que pueden convertirse en animales.

Negritos Danza formada por un conjunto de hombres, uno de los cuales va vestido de mujer y representa La Melinche; otros llevan máscaras y hacen papel de bufones.

Palma Escultura tallada en piedra para fines funerarios. Se relaciona con el juego de la pelota y tal vez eran representaciones de un peto que usaban los jugadores.

Patojo Vasija de forma semejante a un pie o zapato.

Patolli Juego parecido al de la Oca. Se jugaba con fríjoles o cañas marcadas con puntos a manera de dados, y sobre una estera que tenía un tablero pintado en cruz.

Peyote Cactus del género *Echinocactus*, rico en peyotina, mezcalina y otros alcaloides, usado por algunos grupos indígenas en el ceremonial mágico-religioso.

Pinole Polvo fino de maíz tostado.

Pizarra yucateca Cerámica de apariencia jabonosa y lustrosa, común en la Península de Yucatán durante el período Puuc. 600-1000.

Plumbate Cerámica algo vitrificada cuya superficie produce reflejos metálicos. Fue muy usada como producto de comercio.

Posole Bebida no fermentada de maíz y agua.

Pueblo Categoría política de una localidad no muy grande que generalmente tiene autoridades municipales.

Pulque Bebida embriagante, blanca y espesa, que se obtiene fermentando el aguamiel.

Quecholli «Pájaro de pluma rica». Mes del año mexica, dedicado al dios de la Caza o Mixcoatl.

Quechquemitl Especie de pañoleta con abertura central, cuyas puntas caen al frente y atrás, tapando los senos y la espalda.

Quetzalcoatl Dios y héroe cultural entre los nahuas. Se relacionaba con el planeta Venus, el viento y otros aspectos.

Quetzales Danza que parece ser de origen prehispánico y que actualmente tiene fama entre los nahuat de Cuetzalan, Puebla. Lo más distintivo es el enorme penacho que balancean en la cabeza, y que va adornado de listones y plumas de brillantes colores.

Ranchería Categoría política de una localidad muy pequeña y generalmente aislada.

Rebozo Prenda tradicional hecha de un lienzo de tela que cubre generalmente los hombros y la cabeza de la mujer.

Red de cucharón Instrumento para la pesca que consiste en una redecilla, atada a un palo, la cual se sumerge en el agua.

Santiagueros Danza que representa la lucha de los españoles, ayudados por Santiago Apóstol, en contra de los moros. El personaje principal monta un caballo de madera y lleva espada en la mano.

Sarape Manta usada por el hombre como prenda de vestir.

Tamal Alimento hecho con masa de maíz cocida con gran variedad de sabores (mole, dulce, ají verde, etc.).

Tapextle Emparrillado tosco de madera, varas o cañas paralelas y unidas que sirven como lecho, y montado sobre cuatro horquetas.

Tariácuri Dios - héroe cultural entre los tarascos. Semejante al Quetzalcoatl mexicano.

Tecomate Cuenco o escudilla de cuerpo alto y boca reducida. En forma de jícara.

Telar de cintura Telar que se amarra de un poste en un extremo y en el otro se ata a la cintura de la tejedora. Está compuesto por diferentes accesorios: enjullos, peines, varillas, bobinas, etc.

Telpochcalli Escuela popular donde los hombres se entrenaban para la guerra.

Temalacatl	Piedra circular donde se realizaba el sacrificio gladiatorio.		Toreadores	También se llaman «semaneros». Danza en la que se torea a un danzante que lleva cabeza de toro y «huacal» con piel de toro. En la Sierra de Puebla se baila con tambor y flauta.
Teocalli	Casa del dios o templo.			
Tepeyolohtli	Jaguar. Corazón del monte.			
Tequila	Bebida alcohólica que se obtiene de un agave pequeño.			
Tezcatlipoca	«Espejo Humeante». Dios relacionado con el Firmamento y la Noche.		Totonacapan	Antiguamente, la tierra de los totonacos, que comprendía parte de la costa del Golfo y se extendía hasta la Sierra de Puebla. El centro principal era Cempoala.
Tianguis	Mercado indígena que se realiza con periodicidad semanal en lugares conocidos dentro de una zona o región.			
Tizoc	Séptimo gobernante de Tenochtitlán. Célebre conquistador. 1481 a 1486.		Tumba de tiro	Estructura funeraria compuesta de una chimenea o tiro de bajada y una o varias cámaras intercomunicadas. Fueron usuales en el occidente de México.
Tlachtemalacatl	Anillo de piedra o madera usado en el juego de la pelota. Si era de piedra se empotraba en el muro lateral de la cancha, y por él debía pasar la pelota.		Tún	Período de tiempo compuesto de 360 días, casi un año solar.
			Uinal	Período de tiempo compuesto de 18 días.
Tlachtli	Campo para el juego de la pelota, el cual tenía forma de «H».		Voladores	Nombre con que se denomina a los participantes de la danza del Volador.
Tlahuizcalpantecuhtli	Señor de la Casa del Alba. El planeta Venus como estrella matutina.		Xipe Totec	Dios de la primavera y de los joyeros. «Nuestro señor el desollado».
Tláloc	Dios de las lluvias y del rayo, la nube tempestuosa.		Xiuhcoatl	La serpiente de Fuego. Acompañaba al Sol en su viaje por el Firmamento.
Tlalocan	El paraíso de Tláloc. Lugar de descanso donde iban los que morían de enfermedades relacionadas con el agua, ahogados, etc.		Xiuhtecuhtli	Señor del año, de la hierba, de la turquesa y del fuego.
			Xocotlhuetzi	Mes en que se celebraba la ceremonia del árbol Xocotl.
Tlazolteotl	Diosa femenina relacionada con la fecundidad y los nacimientos. Madre de Centeotl, dios del maíz.		Xochipilli	Príncipe de las flores, patrón de los bailes y danzas, de los juegos, del amor y del verano.
Tocotines	Danza característica de los tepehua y totonacos de la Sierra de Puebla. Los hombres bailan con coronas, capas y sonajas. En ciertos pueblos, el baile se ejecuta por un conjunto de niñas que llevan corona de flores y sonaja.		Xochiquetzal	La diosa del amor y de la belleza. Patrona de las labores domésticas y de las flores.
			Yácata	Basamento de planta rectangular y circular combinadas. Fue típica de la arquitectura tarasca.
Tonalpohualli	Calendario religioso de 260 días, entre los mexicas.		Yerbatero	Curandero que cura con hierbas y otras plantas medicinales.
Tonatiuh	Entre los mexicas era el dios solar.		Yugo	Escultura tallada en piedra para fines funerarios. Adopta la forma de una herradura, abierta o cerrada, y representa el ancho cinturón protector que usaban los jugadores de pelota.
Topiles	Jóvenes al servicio del municipio. Su cargo representa el primer paso en el escalafón del Ayuntamiento o en la estructura religiosa.			
			Zacate	Pasto, forraje.

ÍNDICE ALFABÉTICO

214

215